高等职业教育“十三五”规划教材·会计类精品系列

成本会计

丁小华　主　编
王　岩　副主编

科学出版社
北　京

内 容 简 介

本书以小微生产企业、订单式生产企业和规模生产企业为背景，介绍成本核算的基本方法。本书共 4 个项目，分别介绍生产企业类型和成本核算方法、小微生产企业的产品成本核算方法、订单式生产企业的产品成本核算方法、规模生产企业的产品成本核算方法。学生通过学习本书可以掌握成本会计的基本理论与核算方法，并具备一定的实际操作技能。

本书可作为高职高专财经类专业及会计相关专业的教材，还可作为相关人士自学和培训的参考书。

图书在版编目（CIP）数据

成本会计/丁小华主编. —北京：科学出版社，2019.2
（高等职业教育“十三五”规划教材·会计类精品系列）
ISBN 978-7-03-060173-5

Ⅰ. ①成… Ⅱ. ①丁… Ⅲ. ①成本会计-高等职业教育-教材
Ⅳ. ①F234.2

中国版本图书馆 CIP 数据核字（2018）第 291132 号

责任编辑：薛飞丽 都 岚 / 责任校对：王万红
责任印制：吕春珉 / 封面设计：东方人华平面设计部

科学出版社 出版
北京东黄城根北街 16 号
邮政编码：100717
http://www.sciencep.com

新科印刷有限公司 印刷

科学出版社发行 各地新华书店经销

*

2019 年 2 月第 一 版 开本：787×1092 1/16
2019 年 2 月第一次印刷 印张：9 1/2
字数：214 000

定价：28.00 元

（如有印装质量问题，我社负责调换〈新科〉）
销售部电话 010-62136230 编辑部电话 010-62135397-2039

高等职业教育“十三五”规划教材·会计类精品系列

编写委员会

前　言

本书是威海职业学院“制造业成本核算实务”课程的配套教材。该课程在 2010 年被评为国家级精品课程，2013 年通过了国家资源共享课的评审。根据精品课课程体系配套教材构建，依据模块化教学改革提出的“实用、够用、管用”的教学理念，同时为了满足高等职业教育对应用型人才的培养目标的要求，编者结合成本核算会计岗位的工作任务，与企业一线的成本会计工作人员合作编写了本书。与其他成本会计类教材相比，本书依托“以实训为导向”的课程改革模式，突出了教学内容的实用性和可操作性。

本书具有以下几个创新点：

1）本书以案例企业资料为背景，尽可能还原产品的加工流程和计算过程，着重培养学生对产品成本的核算能力。

2）每一种成本核算方法均能够计算出产品的最终成本，是一个完整的体系。而现有的成本核算教材中核算方法的案例多是不连贯的、零散的。

3）书中能用图表表示的尽量不用文字叙述，图片、表格等的新颖设计和运用给读者耳目一新的感觉。

4）在讲解成本核算方法时，本书采用的是工学结合的一体化教学模式，学生在学习的过程中边学边做，体现了互动性，避免了传统教材的枯燥乏味。学中练、学中做可以提高学习效率，达到事半功倍的效果。

5）每个任务后都设置有“巩固与拓展”版块，便于学生巩固所学知识。

本书由丁小华担任主编，王岩担任副主编，郭晓玲、杜嘉美参与了本书的编写工作。丁小华对全书进行总纂。具体编写分工如下：项目一由郭晓玲编写，项目二由杜嘉美编写，项目三由王岩编写，项目四由丁小华编写。

由于编者学识和水平有限，书中难免存在疏漏和不足之处，敬请广大读者批评、指正。

编　者

2018 年 9 月

目　录

项目一

认知生产企业类型和成本核算方法

知识点

- 成本构成。
- 成本核算方法分类及适用的企业。
- 成本核算流程。

技能点

- 企业的分类。

知识导入

本项目知识导图如图 1-1 所示。

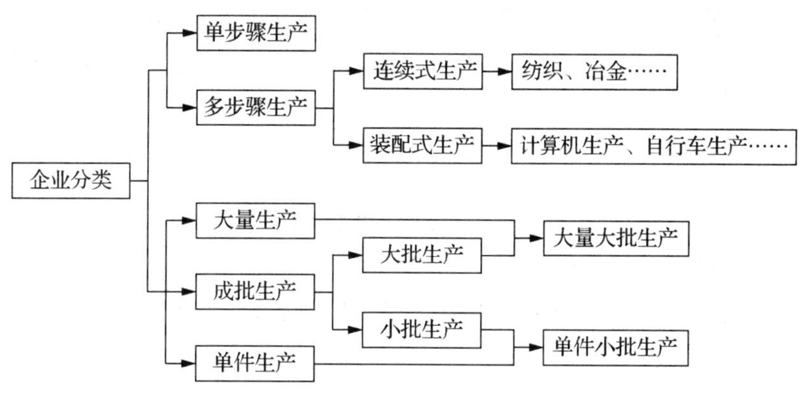

图 1-1　项目一知识导图

任务一　了解企业生产特点及企业分类

任务目标

1. 按生产工艺特点对企业进行分类。

2. 按生产组织特点对企业进行分类。
3. 总结各种分类的特点。

任务内容

了解制造企业的分类，总结归纳出企业的生产类型。

重点与难点

企业类型的划分。

任务实施

步骤一　了解制造业企业的分类

产品成本是在生产过程中形成的，生产中各种耗费的发生过程及处理方法与企业的生产类型和特点有着直接的联系。不同的企业具有不同的生产类型和特点，具有不同的成本管理要求。因此，生产特点和成本管理的要求是确定成本对象和形成成本核算方法的主要因素。企业应根据生产类型的特点和成本管理的要求选择合适的成本核算方法，正确计算产品成本。

制造业企业的生产类型是根据产品生产的工艺过程和生产组织两个方面的特点来划分的。

（一）按生产工艺过程的特点分类

生产工艺过程是指产品从投料到完工的生产工艺加工过程，是以生产过程是否可以间断为基本特征的。企业的生产类型按生产工艺过程的特点，可以分为单步骤生产和多步骤生产两种类型。

1. 单步骤生产

单步骤生产也称为简单生产，是指生产工艺不能间断或不能分散在不同地点进行的生产，如发电、采掘、供气等。

这类生产工艺技术简单、生产周期短、产品品种不多且稳定，通常由一个企业或一个车间独立完成。

2. 多步骤生产

多步骤生产也称为复杂生产，是指生产工艺过程由若干个可以间断的、分散在不同地点、分别在不同时间进行的生产步骤所组成的生产，如纺织、机械制造、服装加工等。

这类生产工艺技术较复杂，生产周期较长，产品品种较多且不稳定。

多步骤生产按其产品的加工方式和各个生产步骤的内在联系可划分为连续式生产和装配式生产。

1）连续式生产是指原材料投入后经过若干步骤的连续加工制成产成品的生产。其特点是除了最后步骤生产出完工产品外，其他各步骤完工的都是半成品，而这些半成品又成为后续步骤的加工对象，如纺织、冶金等。

2）装配式生产也称为平行式生产，是指各种原材料平行投入不同的车间加工成各种零部件，再将零部件装配成产成品的生产，如计算机、自行车的生产等。

（二）按生产组织形式分类

企业的生产组织是根据其产品的产量、产品生产的重复性和产品品种的稳定性来确定的。企业的生产类型按生产组织形式的不同，可分为大量生产、成批生产和单件生产三种类型。

1．大量生产

大量生产是指不断重复生产品种相同的产品的生产，如纺织、造纸、面粉等的生产。其特点是所生产的产品品种稳定、产量大、生产重复性强。

2．成批生产

成批生产是指按事先规定的产品数量和规格进行的生产，如服装加工、仪器仪表的生产等。其特点是品种较多、产量较大，生产具有一定的重复性。成批生产按照产品批量的大小，又可以分为大批生产和小批生产。

1）大批生产的产品批量较大，往往在几个月内不断地重复生产一种或几种产品，其性质接近大量生产。

2）小批生产的产品批量较小，一批产品一般可以同时完工，其性质接近单件生产。

3．单件生产

单件生产是指根据购买单位订单制成的特定品种与规格的个别产品的生产，如飞机、船舶制造等。其特点是产量少、品种多、重复性弱。

步骤二　总结归纳出企业的生产类型

根据不同企业的生产特点和管理要求可归类出其生产类型，如单步骤生产和连续式多步骤生产的生产组织形式多为大量生产。装配式多步骤生产的组织形式，则分为大量生产、成批生产和单件生产。

巩固与拓展

一、单项选择题

1．下列各项不属于单件生产的特点的是（　　）。

A．产量少　　B．重复性弱
C．品种多　　D．产量大

2．订单服装生产大部分属于（　　）。
A．大量生产　　B．成批生产
C．单件生产　　D．简单生产

3．下列企业采用多步骤生产的是（　　）。
A．自行车制造企业　　B．供气企业
C．采掘企业　　D．面粉企业

二、多项选择题

1．产品成本的作用有（　　）。
A．产品成本是补偿生产耗费的尺度
B．产品成本是综合反映企业工作质量的重要指标
C．产品成本是制定产品价格的一项重要因素
D．产品成本是企业进行决策的重要依据

2．工业企业的生产按照生产工艺过程的特点，划分为（　　）。
A．大量生产　　B．单步骤生产
C．单件生产　　D．多步骤生产

3．下列企业采用单步骤生产的有（　　）。
A．发电企业　　B．供气企业
C．采掘企业　　D．船舶制造企业

三、判断题

1．产品生产成本就是生产过程中发生的各种耗费。（　　）

2．连续式生产是将原材料投放于不同的生产车间加工成零部件，再将各种零部件组装成产成品的生产过程。（　　）

3．单步骤生产的生产周期比较长，技术工艺比较复杂。（　　）

任务二　了解产品成本核算方法及核算准备工作

任务目标

1．了解产品成本核算方法的种类。
2．总结不同核算方法适用的企业类型。

任务内容

对于企业日常发生的各项支出能够做出正确的职业判断，针对不同企业的生产特

点和成本管理要求绘制出简单的部门设置图和生产工艺流程图，从而确定产品的成本核算方法。

重点与难点

成本核算方法适用的企业。

任务实施

步骤一　了解产品成本核算方法及其适用的企业类型

不同的生产类型有着不同的特点，不同的成本管理有着不同的管理要求。不管是哪种生产类型和成本管理，核算产品成本的方法都离不开三种基本方法：品种法、分批法和分步法。另外，还有两种产品成本核算的辅助方法：分类法和定额法。具体如图 1-2 所示。

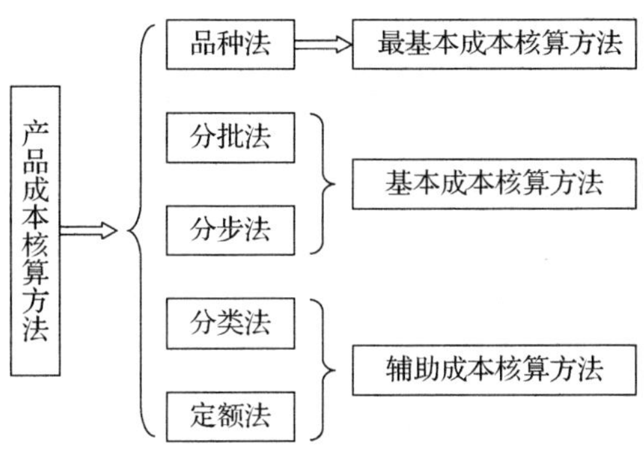

图 1-2　产品成本核算方法

（一）品种法

以产品的品种为成本计算对象的成本计算方法，即为品种法。它一般适用于大量大批的单步骤生产（如发电、采掘等）或管理上不需要分步骤计算成本的多步骤生产。

（二）分批法

以产品的批别为成本计算对象的成本计算方法，即为分批法。它适用于单件、小批生产，如船舶制造、专用模具制造等。

（三）分步法

以产品生产步骤为成本计算对象的成本计算方法，即为分步法。它适用于管理上需要分步骤的大量、大批的多步骤生产，如机械制造、纺织等。

上述三种基本的成本核算方法及适用企业如表 1-1 所示。

表 1-1　产品成本核算基本方法一览

基本方法	成本核算对象	生产组织	成本核算期	适用企业
品种法	产品品种	大量大批生产	会计期间	单步骤或管理上不要求计算各步骤成本的多步骤生产企业
分批法	产品批别	单件小批生产	生产周期	小批、单件生产企业
分步法	生产步骤	大量大批生产	会计期间	多步骤生产且管理上要求计算各步骤半成品成本的企业

（四）分类法

以产品的类别归集生产费用、计算产品成本的方法，即分类法。它适用于产品品种种类、规格繁多的企业，如灯泡、模具等产品的生产企业。

（五）定额法

定额法是为了及时核算和监督生产费用与产品成本脱离定额的差异，加强定额管理和成本控制而采用的一种成本计算方法。它适用于定额管理工作比较完善的企业。

分类法和定额法一般应与各种类型生产中采用的基本方法结合使用，而不能单独使用。例如，多步骤生产企业在计算产品成本时，可以在分步法的基础上结合定额法来计算。又如，采用品种法计算成本的企业，如果品种的规格、种类繁多，可以把品种法和分类法结合起来使用。

步骤二　做好成本核算之前的准备工作

（一）认识产品成本

任何一个物品在形成价值的同时都会伴随成本的发生。例如，一件商品在生产环节会发生生产成本，包括原材料成本、人工成本和其他间接成本等；在销售环节会有销售成本的发生。再如，一棵野生的人参或灵芝，虽然没有人工的种植成本，但有被人发现或找到的成本（暂不考虑其自身的生长成本）；当被加工制成商品后再被出售，其成本就会增加，当然价值也会增加。因此，成本是商品经济的价值范畴，是商品价值的组成部分。

人们要进行生产经营活动或达到一定的目的，就必须耗费一定的资源（人力、物力和财力），其所耗费资源的货币表现及其对象化称为成本。当然，由于经济环境的不同、行业特点的不同，不同的人对成本的内涵有不同的理解。但是，成本的经济内容归纳起来有两点是共同的：一是成本的形成是以某种目标为对象的；二是成本是为实现一定的目标而发生的耗费。

知识窗

成本会计发展的阶段：早期成本会计阶段（1885～1920 年），近代成本会计阶段（1920～1981 年），现代成本会计阶段（1981～1987 年），战略成本会计阶段（1987 年至今）。

（二）制造业产品成本的构成项目

财政部2013年8月16日发布的《企业产品成本核算制度（试行）》（财会〔2013〕17号）规定：制造企业一般设置直接材料、燃料和动力、直接人工和制造费用等成本项目。

1）直接材料。它是指构成产品实体的原材料以及有助于产品形成的主要材料和辅助材料。

2）燃料和动力。它是指直接用于产品生产的燃料和动力。

3）直接人工。它是指直接从事产品生产的工人的职工薪酬。

4）制造费用。它是指企业为生产产品和提供劳务而发生的各项间接费用，包括企业生产部门（如生产车间）发生的水电费、固定资产折旧、无形资产摊销、管理人员的职工薪酬、劳动保护费、国家规定的有关环保费用、季节性和修理期间的停工损失等。

（三）产品成本核算的基本原则和要求

会计核算是建立在一系列的原则规定之下的，如持续经营、货币计量、会计分期和权责发生制等。成本核算也要遵循一系列的核算原则，这些原则对核算的要求、内容、方式和程序都做了总体上的规范，是成本核算的指导性纲要。不同的企业在实际核算中，因为经营方式和内容的不同，核算方式和结果可以不同，但是都要遵循相同的原则纲要，首先要符合实事求是的会计原则。这也是会计核算可比性原则的反映，即只有采用相同的原则进行成本核算，生产同类产品的企业核算得到的相关数据，彼此才具有可比性。

成本核算需遵循的原则如表1-2所示。

表1-2 成本核算需遵循的原则

原则	基本内容	分析引导
分清生产费用与期间费用	分清资本性支出、营业外支出和利润分配性支出。在收益性支出中，分清生产成本和期间费用	产品生产费用（产品成本）包括直接材料、直接人工和制造费用等成本项目。而期间费用均计入当期损益
分清各期费用	按照权责发生制原则处理	当期受益的成本费用需要在当期反映和确认，下期受益的成本费用需要在下一个会计期间反映和确认
分清各种产品之间的费用	将计入本期产品成本的各项费用在各种产品之间进行划分，从而计算出各种产品的成本	区分各种产品间的差别费用，不同产品领料也不同，即使领用同一种材料，用量也可能不同；即使用量相同，加工费用也可能不同
分清完工产品和期末在产品的费用	期初和本期发生的生产费用要在本期完工和未完工产品间进行分配，从而计算出完工产品成本	企业的产品在一个会计期间内，主要形态有全部完工、全部未完工和部分完工。对于部分完工产品的生产费用要进行分配计算

（四）产品成本流转程序

1．成本核算账户的设置

成本核算需设置的账户如图1-3所示。

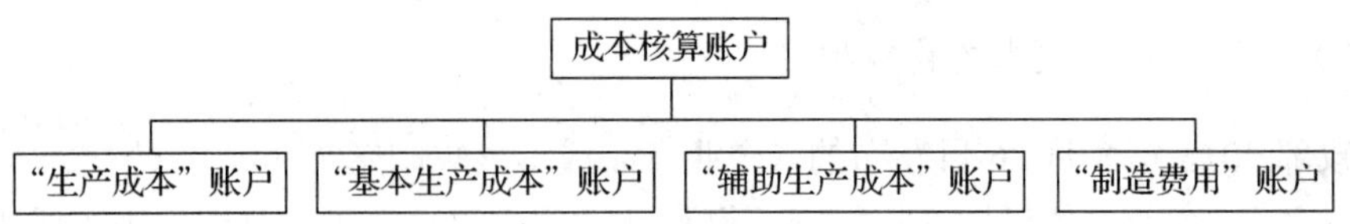

图 1-3　成本核算需设置的账户

在进行具体产品成本核算时，要明确应该设置哪些成本核算账户、账户明细如何设置，以及账户的用途。

1)“生产成本——基本生产成本”项目按照产品品种（产品批别、生产步骤）设置明细账户。

2)“生产成本——辅助生产成本”项目按照辅助生产车间名称设置明细账户。

3)“制造费用”项目按照生产车间名称设置明细账户。在本书中，该账户仅指基本生产车间的制造费用，即制造费用不需要设置明细账户。辅助生产车间的制造费用记入“生产成本——辅助生产成本”账户。

2．成本核算流程

成本核算流程也就是成本核算的一般程序，具体流程如下：

1）根据成本开支范围规定，审核生产费用支出。

2）编制要素费用分配表。

3）归集和分配辅助生产费用。

4）归集和分配制造费用。

5）计算和结转完工产品成本。

6）结转已销售产品成本。

成本核算的一般流程如图 1-4 所示。

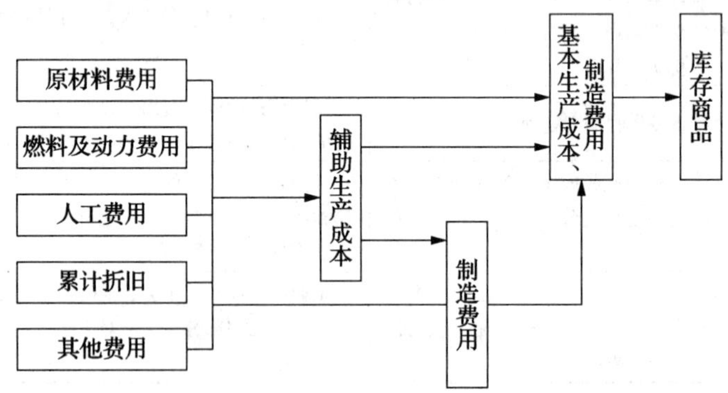

图 1-4　成本核算的一般流程

知识窗

如何区分成本、费用和支出？成本代表经济资源的牺牲，而费用是会计期间为获得收益而发生的成本。费用是成本的基础，按对象归集的费用构成成本。成本会计关注的是成本而不是费用。支出是指企业在经济活动过程中发生的一切开支与耗费。企业的支出按其与业务经营的关系不同，可分为资本性支出、收益性支出、所得税支出、营业外支出、投资性支出和利润分配支出。

巩固与拓展

一、单项选择题

1. 下列各项中，属于直接计入费用的有（　　）。
   A. 几种产品负担的制造费用
   B. 几种产品共同耗用的原材料费用
   C. 一种产品耗用的生产工人工资
   D. 几种产品共同负担的机器设备折旧费

2. 为了保证按每个成本计算对象正确地归集应负担的费用，必须将应由本期产品负担的生产费用正确地在（　　）之间进行分配。
   A. 各种产品
   B. 完工产品和在产品
   C. 盈利产品与亏损产品
   D. 可比产品与不可比产品

3. 在大量大批多步骤生产企业，管理上要求分步计算产品成本，其成本计算方法是（　　）。
   A. 品种法　　B. 分类法
   C. 分批法　　D. 分步法

4. 各种产品成本计算方法的命名主要在于（　　）。
   A. 企业生产类型　　B. 企业管理要求
   C. 成本计算对象　　D. 成本计算程序

5. 产品成本最基本的核算方法是（　　）。
   A. 分批法　　B. 分类法
   C. 品种法　　D. 分步法

二、多项选择题

1. 受生产特点和管理要求的影响，成本核算对象的形式有（　　）。
   A. 产品品种　　B. 产品类型
   C. 产品批别　　D. 产品生产步骤

2. 为了正确核算产品成本，在费用界限划分过程中应贯彻的原则是（　　）。
   A. 成本效益原则　　B. 受益原则
   C. 收付实现制原则　　D. 负担费用多少与受益程度成正比原则

3．下列各项中，属于成本核算基本方法的是（　　）。

A．品种法　　B．分批法

C．分类法　　D．分步法

4．制造业企业成本核算的一般程序包括（　　）。

A．对企业的各项支出、费用进行严格的审核和控制

B．正确划分各个月份的费用界限，正确核算待摊费用和预提费用

C．将生产费用在各种产品之间进行分配和归集

D．将生产费用在本月完工产品与月末在产品之间进行分配和归集

5．制造业生产经营过程中发生的（　　）不应计入产品成本。

A．管理费用　　B．财务费用

C．营业费用　　D．制造费用

三、判断题

1．企业在生产经营活动中发生的一切费用支出都应计入产品成本。（　　）

2．凡是在生产过程中发生的、与产品生产有关的所有直接或间接耗费，均应作为生产费用计入产品成本。（　　）

3．成本计算期的确定，主要取决于企业成本管理的要求。（　　）

4．生产组织不同对产品成本计算方法的影响：品种法适用于小批单件生产，分批法适用于大批大量生产。（　　）

5．品种法在大量大批多步骤的生产企业，无论其管理要求如何，均不适用。（　　）

项目二

核算小微生产企业产品成本

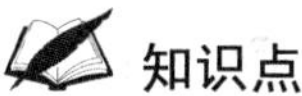 知识点

- 要素费用的归集和分配。
- 废品损失的核算。
- 产品成本的核算。

技能点

- 生产费用的分配。
- 产品成本的构成分析。
- 完工产品和在产品成本的核算和处理。

知识导入

目前，我国小微生产企业在制造业中所占比例较大，成本核算相对简单。该类型的企业主要采用成本核算方法中的品种法进行核算，而品种法也是成本核算方法中最基本的核算方法。因此，本书以小型简单步骤生产企业的成本核算实际工作过程及核算方法、技巧为例进行讲解。

本项目以威兴制笔有限公司为案例企业，旨在训练学生运用品种法核算产品成本，包括原材料费用的归集和分配、人工费用的归集和分配、其他费用的归集和分配、辅助生产费用的归集和分配、制造费用的归集和分配、损失性费用的核算以及完工产品成本和在产品成本的核算 6 个任务。在训练中，依据品种法核算程序，通过编制费用分配表及其他成本计算表、填制记账凭证、登记相关成本明细账，最终计算出各种产品本月完工产品成本和月末在产品成本。

本项目知识导图如图 2-1 所示。

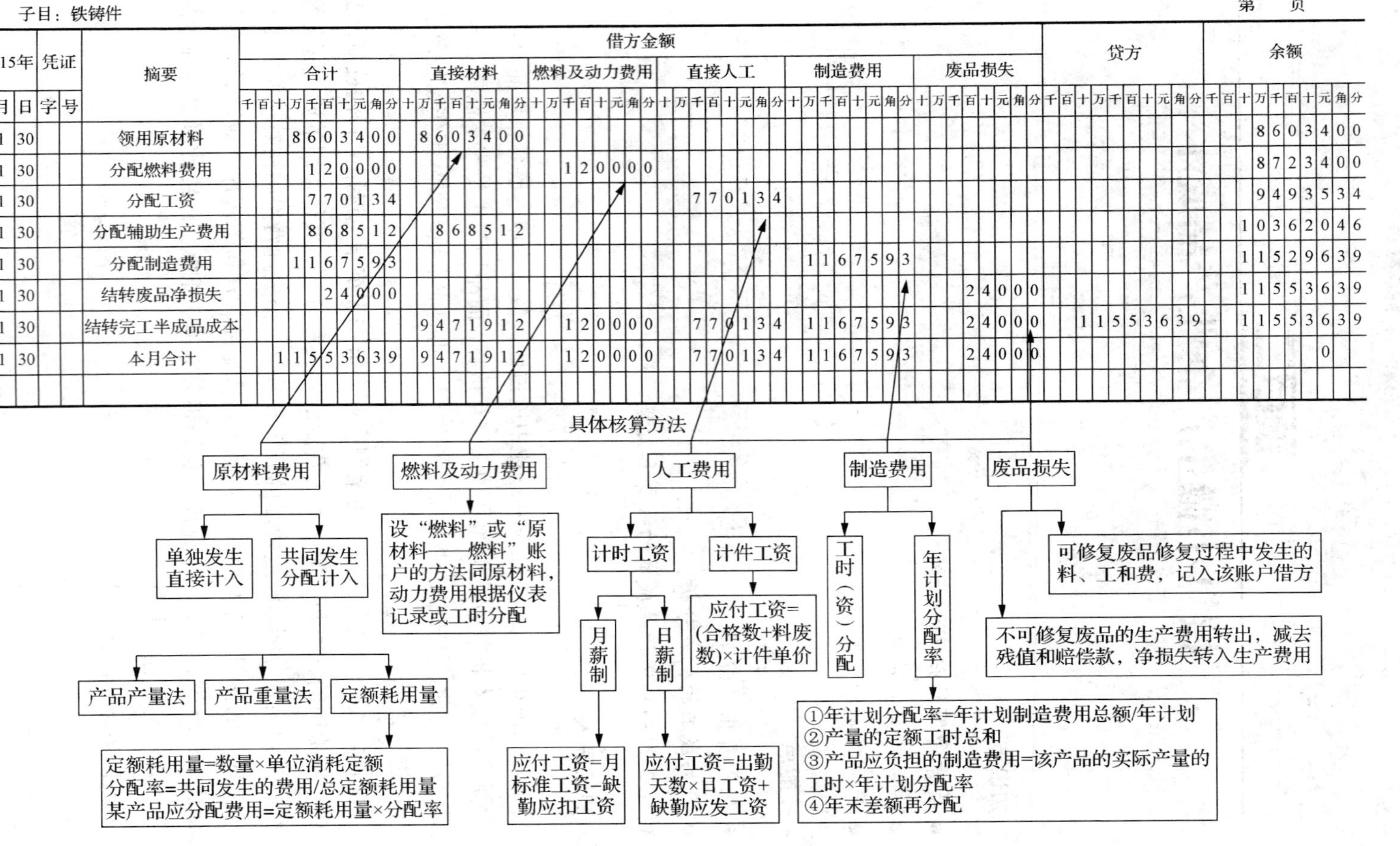

基本生产成本　明细分类账

科目：生产成本
子目：铁铸件

第　页

2015年 月	2015年 日	凭证 字	凭证 号	摘要	借方金额 合计	借方金额 直接材料	借方金额 燃料及动力费用	借方金额 直接人工	借方金额 制造费用	借方金额 废品损失	贷方	余额
1	30			领用原材料	8603400	8603400						8603400
1	30			分配燃料费用	120000		120000					8723400
1	30			分配工资	770134			770134				9493534
1	30			分配辅助生产费用	868512	868512						10362046
1	30			分配制造费用	1167593				1167593			11529639
1	30			结转废品净损失	24000					24000		11553639
1	30			结转完工半成品成本		9471912	120000	770134	1167593	24000	11553639	11553639
1	30			本月合计	11553639	9471912	120000	770134	1167593	24000		0

图 2-1　项目二知识导图

案例企业情况介绍

一、案例企业基本情况

1）公司基本情况如下：

公司名称：威兴制笔有限公司（以下简称“威兴公司”）。

企业类型：有限责任公司（增值税一般纳税人）。

经营模式：生产型（小型工业企业）。

地址：山东省威海市青岛路34号。

法人代表：王明。

主营产品：圆珠笔笔芯、碳素笔笔芯。

2）机构设置如图2-2所示。

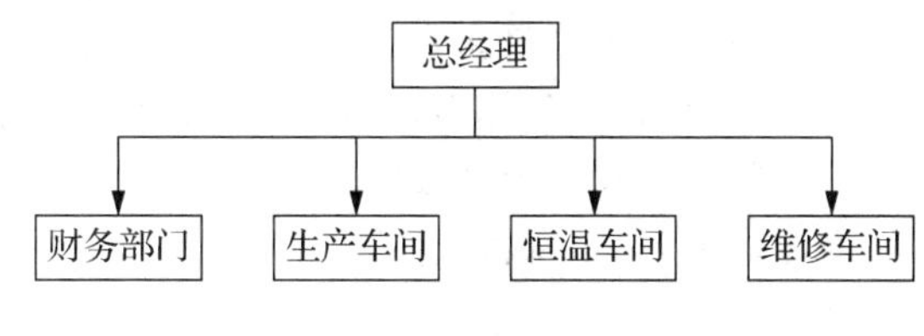

图2-2　机构设置

3）生产工艺流程：准备聚乙烯材料→制成塑料管→切割→灌注中性笔油→安装笔头→包装。笔芯结构如图2-3所示，相关产品和设备如图2-4～图2-6所示。

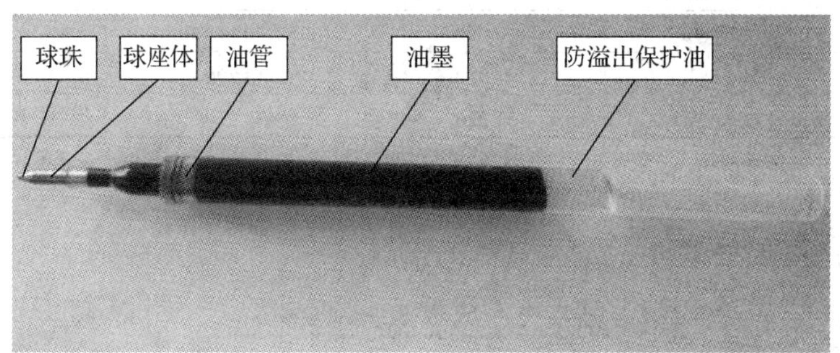

图2-3　笔芯结构

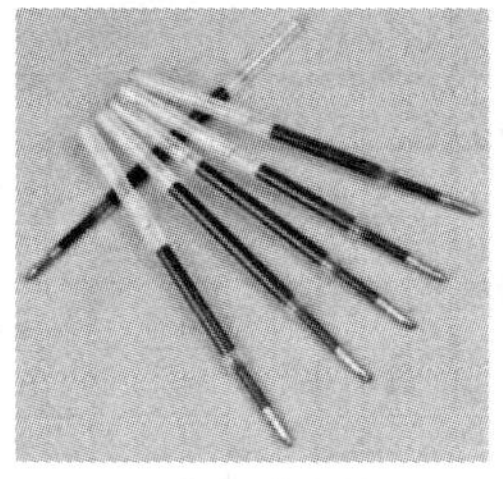

图2-4　圆珠笔笔芯

图2-5　碳素笔笔芯

图 2-6　笔芯加工设备

二、企业成本核算假设

威兴公司设有一个基本生产车间，两个辅助生产车间——维修车间和恒温车间，为基本生产提供劳务。辅助生产车间之间相互提供的劳务进行交互式分配，所发生的制造费用记入“辅助生产成本”账户。原材料均为生产开始时一次性投入。低值易耗品和保险费摊销期均在一年以上。由于企业的月末在产品所占投产比例较小（碳素笔笔芯为1%，圆珠笔笔芯为6%）且在产品的完工程度均较高，产品的单位成本又低，核算平均完工程度程序烦琐，因此，我们对月末在产品成本用在产品按完工产品计算法计算分配。（圆珠笔的累计生产工时为2 000小时，碳素笔的累计生产工时为4 000小时。）

1）本月产量记录如表2-1所示。

表2-1　产量记录

2018年12月　　　　单位：盒

产品名称	月初在产品	本月投入数量	本月完工产品	月末在产品数量
碳素笔笔芯	1 080	19 240	20 110	210
圆珠笔笔芯	2 580	11 980	13 800	760
合计	3 660	31 220	33 910	970

注：威兴公司产品圆珠笔笔芯、碳素笔笔芯的单只成本较小，产品以100支封盒后外销，为了简化核算，同时提高产品成本核算精度，我们将以盒（每盒100支）作为产品基本单位来核算。

2）月初在产品成本如图2-7和图2-8所示。

基本生产成本　明细分类账

科目：生产成本

子目：碳素笔笔芯　　　　完工产品数量：20 110盒，在产品数量210盒

2018年		凭证		摘要	借方发生额合计									成本项目																								
														直接材料									直接人工								制造费用							
月	日	字	号		百	十	万	千	百	十	元	角	分	百	十	万	千	百	十	元	角	分	十	万	千	百	十	元	角	分	十	万	千	百	十	元	角	分
12	1			月初在产品成本			2	9	6	0	0	0	0			1	6	0	0	0	0	0			4	4	0	0	0	0			9	2	0	0	0	0

图 2-7　“基本生产成本”明细分类账（碳素笔笔芯）

基本生产成本　明细分类账

科目：生产成本

子目：圆珠笔笔芯　　　　完工产品数量：13 800 盒，在产品数量 760 盒

2018 年		凭证		摘要	借方发生额合计									成本项目																								
														直接材料									直接人工								制造费用							
月	日	字	号		百	十	万	千	百	十	元	角	分	百	十	万	千	百	十	元	角	分	十	万	千	百	十	元	角	分	十	万	千	百	十	元	角	分
12	1			月初在产品成本			2	8	0	3	0	0	0			1	1	2	0	0	0	0			5	4	7	0	0	0		1	1	3	6	0	0	0

图 2-8　“基本生产成本”明细分类账（圆珠笔笔芯）

3）本月发生生产费用如表 2-2～表 2-7 所示。

表 2-2　领用原材料汇总表

领料部门：基本生产车间　　　　2018 年 12 月　　　　金额单位：元

材料名称	规格	单位	数量		成本	
			请领	实发	单价	金额
圆珠笔笔管		百支	14 000	14 000		30 000
碳素笔笔管		百支	20 000	20 000		50 000
圆珠笔笔头		百支	14 000	14 000		43 000
碳素笔笔头		百支	20 000	20 000		200 000
圆珠笔填充墨		百支	14 000	14 000		60 000
碳素笔填充墨		百支	20 000	20 000		230 000
防溢出保护油		千克	2 700	2 700		27 000
金额合计						640 000

注：圆珠笔和碳素笔的防溢出保护油定额耗用量分别为 80 千克和 220 千克。

表 2-3　职工工资汇总表

2018 年 12 月　　　　金额单位：元

所属部门	人员类别	职工数	应付职工工资				代扣款项						实付职工工资
			岗位工资	奖金	职务补贴	合计	养老保险（8%）	医疗保险（2%）	失业保险（1%）	住房公积金（8%）	个人所得税	合计	
行政部门	管理人员	2	5 800.00	240.00	160.00	6 200.00	496.00	124.00	62.00	496.00	0.00	1 178.00	5 022.00

续表

所属部门	人员类别	职工数	应付职工工资				代扣款项						实付职工工资
			岗位工资	奖金	职务补贴	合计	养老保险（8%）	医疗保险（2%）	失业保险（1%）	住房公积金（8%）	个人所得税	合计	
生产车间	车间管理人员	1	2 500.00	400.00	100.00	3 000.00	240.00	60.00	30.00	240.00	0.00	570.00	2 430.00
	生产工人	8	22 000.00	2 000.00	0.00	24 000.00	1 920.00	480.00	240.00	1 920.00	0.00	4 560.00	19 440.00
维修车间	维修人员	1	3 000.00	0.00	0.00	3 000.00	240.00	60.00	30.00	240.00	0.00	570.00	2 430.00
恒温车间	操作工人	1	2 000.00	0.00	0.00	2 000.00	160.00	40.00	20.00	160.00	0.00	380.00	1 620.00
合计		13	35 300.00	2 640.00	260.00	38 200.00	3 056.00	764.00	382.00	3 056.00	0.00	7 258.00	30 942.00

表 2-4　折旧费用表

2018 年 12 月　　单位：元

车间名称	折旧金额
基本生产车间	16 000
维修车间	4 000
恒温车间	3 000
合计	23 000

表 2-5　外购动力费用表

2018 年 12 月　　单位：元

车间名称	电费发生额	水费	燃煤	合计
基本生产车间	2 500	100		2 600
维修车间	500			500
恒温车间	1 000	1 500	1 000	3 500
合计	4 000	1 600	1 000	6 600

表 2-6　其他费用表

2018 年 12 月　　单位：元

车间名称	机物料消耗	周转材料	办公费	保险费摊销	合计
基本生产车间	600	1 200	600	1 000	3 400

续表

车间名称	机物料消耗	周转材料	办公费	保险费摊销	合计
维修车间	200	500	200	300	1 200
恒温车间	200	400	100	500	1 200
合计	1000	2 100	900	1 800	5 800

表 2-7　辅助生产车间当月劳务量汇总表

2018 年 12 月

受益对象	修理工时/小时	受益空间/平方米
维修车间		200
恒温车间	50	
基本生产车间	870	4 600
合计	920	4 800

4）主要的费用分配方法：

① 圆珠笔笔芯和碳素笔笔芯共同耗用的材料费用按定额耗用量进行分配。

② 生产工人的工资按圆珠笔笔芯和碳素笔笔芯的生产工时进行分配。

③ 制造费用按圆珠笔笔芯和碳素笔笔芯的生产工时进行分配。

④ 产品的生产成本在完工产品与在产品之间的分配，采用在产品按完工产品成本计算法。

任务一　核算原材料费用

任务目标

1. 熟悉材料采购、入库和领用的流程。
2. 准确计算和分配原材料费用。

任务内容

了解材料采购、入库和领用的流程后，根据威兴公司的资料完成原材料费用的核算。

重点与难点

材料费用的分配方法。

实施条件

1. 小组共同完成案例企业原材料费用的计算。

2. 小组发放各类明细账页和记账凭证："生产成本"明细账7张/人，"制造费用"明细账1张/人，转账凭证15张/人。

任务实施

步骤一 熟悉材料采购、入库和领用的流程

（一）材料采购流程

根据生产计划、产品材料构成和企业生产能力做出采购计划。材料采购流程为：列出需求计划→采购申请→确定价格→订单审核→订单下达→订单监控→采购入库→开票付款，如图2-9所示。

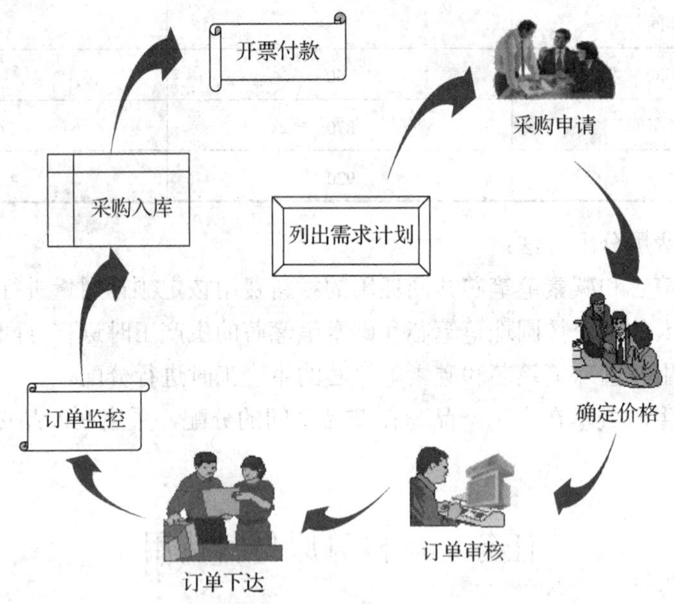

图2-9 材料采购流程

（二）材料入库流程

材料入库流程为：材料到货→检验员检验→保管员验收货物→主管审核签字→填写入库单据→分类存放，如图2-10所示。

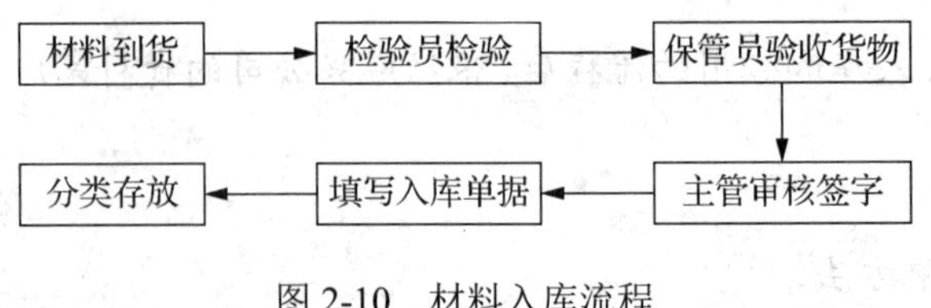

图2-10 材料入库流程

（三）材料领用流程

根据车间生产能力和下达的生产计划，材料领用流程为：车间核算员编制领料明细

表→车间负责人审核签字→到仓库领料→填写领料单→仓库保管审核领料单→双方清点材料数量、规格→材料运回车间→发放到用料工序，如图 2-11 所示。

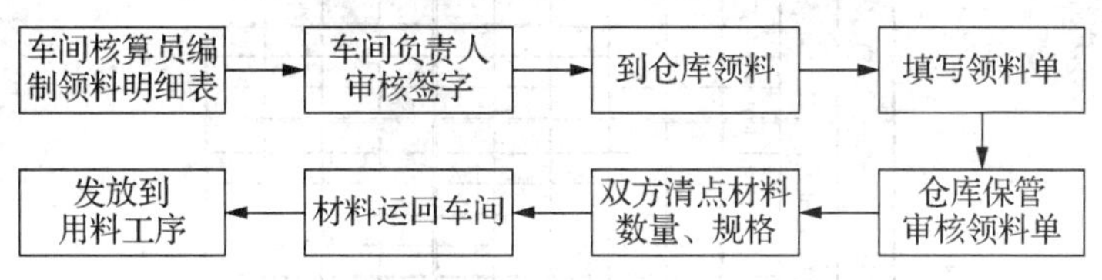

图 2-11　材料领用流程

在实际领料过程中，各车间时常会发生假退料的现象。假退料是指对于下月仍需使用的本月余料可不进行实物退还，只是同时填制一张本月的退料单和下月的领料单，表示本月退库和下月领料。

步骤二　知晓产品成本核算需要设置的主要账户

产品成本核算需要设置的主要账户有“基本生产成本”明细分类账和“制造费用”明细分类账，分别如图 2-7、图 2-8 和图 2-12 所示。

步骤三　分配原材料费用

（一）材料费用的分配原则

材料费用的分配是通过编制材料费用分配表的方式进行的，因此，各生产车间和部门的材料费用分配表应根据各种领料凭证中的记录编制。当多种产品共同耗用某种材料时，还应该采用适当的方法在各种产品中进行分配。

对于用于产品生产并构成产品主要实体或有助于产品形成的各种材料，其分配原则是直接材料费用直接计入，间接材料费用分配计入各成本计算对象的“直接材料”成本项目中。直接材料费用是指直接为生产某一种产品所耗用的材料（能够直接确定其归属对象）。间接材料费用是指几种产品共同耗用的某种材料（不能直接确定其归属对象），需采用简便合理的方法在几种产品中进行分配，分配后进行材料费用的登记。“制造费用”明细分类账如图 2-12 所示。

（二）材料费用的分配方法

对于领用直接用于生产某一种产品的材料，可采用直接计入的方法，计入该产品“直接材料”成本项目中；对于几种产品共同耗用的某种材料，则应采取分配的方法计入。这些材料的分配方法主要有定额耗用量比例分配法、产品重量比例分配法、产品产量比例分配法等。费用分配方法的计算过程是相同的，只是分配标准不同，但都可以套用一个公式，材料费用分配率公式如图 2-13 所示。

制造费用 明细分类账

科目：制造费用

2018年		凭证		摘要	借方发生额																																																																					
					折旧							电费							水费							机物料							周转材料							办公费							保险费						职工薪酬							辅助生产成本								合计							
月	日	字	号		万	千	百	十	元	角	分	万	千	百	十	元	角	分	万	千	百	十	元	角	分	万	千	百	十	元	角	分	万	千	百	十	元	角	分	万	千	百	十	元	角	分	千	百	十	元	角	分	万	千	百	十	元	角	分	十	万	千	百	十	元	角	分	十	万	千	百	十	元	角	分
12	30			工资																																																																							
				折旧																																																																							
				其他																																																																							
				辅助																																																																							
				转出																																																																							

图 2-12 “制造费用”明细分类账

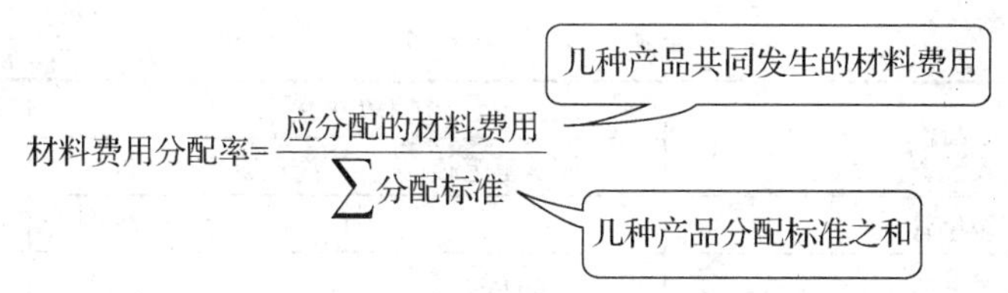

图 2-13　材料费用分配率公式

式中，应分配的材料费用表示几种产品共同发生的材料费用；分配标准有定额耗用量、产品重量、产品产量和定额费用等。

某种产品应分配的材料费用计算公式为

应分配的材料费用=材料费用分配率×该产品的分配标准

根据案例企业资料（表 2-2）计算圆珠笔笔芯和碳素笔笔芯各自的原材料费用，并登记明细分类账。

此任务中圆珠笔笔芯和碳素笔笔芯的原材料费用分别由两部分组成：直接材料和间接材料。间接材料为防溢出保护油，因此需要将防溢出保护油进行分配，圆珠笔笔芯和碳素笔笔芯的防溢出保护油的定额耗用量分别为 80 千克和 220 千克。材料费用分配及登记如图 2-14 所示，材料费用分配表如表 2-8 所示。

基本生产成本　明细分类账

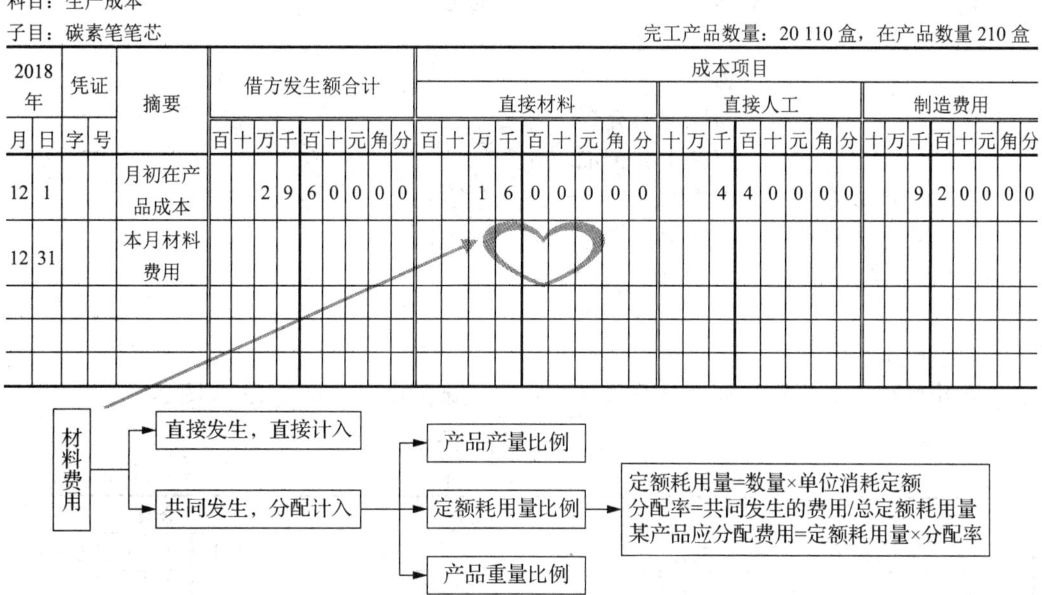

科目：生产成本

子目：碳素笔笔芯　　完工产品数量：20 110 盒，在产品数量 210 盒

2018年 月	日	凭证 字	号	摘要	借方发生额合计	成本项目 直接材料	直接人工	制造费用
12	1			月初在产品成本	2960000	1600000	440000	920000
12	31			本月材料费用				

图 2-14　材料费用分配及登记演示

表 2-8　材料费用分配表

2018 年 12 月　　单位：元

材料名称	基本生产成本		合计
	圆珠笔笔芯	碳素笔笔芯	
圆珠笔笔管	30 000		30 000

续表

材料名称		基本生产成本		合计
		圆珠笔笔芯	碳素笔笔芯	
碳素笔笔管			50 000	50 000
圆珠笔笔头		43 000		43 000
碳素笔笔头			200 000	200 000
圆珠笔填充墨		60 000		60 000
碳素笔填充墨			230 000	230 000
防溢出保护油	定额耗用量	♡	♡	
	分配率			♡
	分配金额	♡	♡	27 000
合计		♡	♡	

注：爱心部分需要学生自己填写，全书余表同。

步骤四　编制记账凭证

试根据表 2-8 中的数字填写会计分录金额。

编制记账凭证（会计分录）如下：

借：生产成本——基本生产成本——圆珠笔笔芯
　　贷：原材料——圆珠笔笔管
　　　　　　　——圆珠笔笔头
　　　　　　　——圆珠笔填充墨
　　　　　　　——防溢出保护油
借：生产成本——基本生产成本——碳素笔笔芯
　　贷：原材料——碳素笔笔管
　　　　　　　——碳素笔笔头
　　　　　　　——碳素笔填充墨
　　　　　　　——防溢出保护油

各小组成员试根据上述会计分录完成记账凭证的编制（图 2-15 和图 2-16）。

转 账 凭 证

年　月　日　　　　　　　　转字　号

摘要	借方		贷方		√	金额										
	科目	明细科目	科目	明细科目		亿	千	百	十	万	千	百	十	元	角	分
合　计																

附件　张

会计主管　　记账　　出纳　　复核　　制单

图 2-15　转账凭证（一）

转 账 凭 证

年　月　日　　　　　　　　　　　　转字　　号

摘要	借方		贷方		√	金额										
	科目	明细科目	科目	明细科目		亿	千	百	十	万	千	百	十	元	角	分
合　计																

附件　张

会计主管　　记账　　出纳　　复核　　制单

图 2-16　转账凭证（二）

步骤五　登记生产成本明细分类账

完成图 2-17 和图 2-18“基本生产成本”明细分类账中直接材料费用的登记。

基本生产成本　明细分类账

科目：生产成本

子目：碳素笔笔芯　　　　　　　　　　完工产品数量：20 110 盒，在产品数量 210 盒

2018 年		凭证		摘要	借方发生额合计									成本项目																									
														直接材料									直接人工								制造费用							
月	日	字	号		百	十	万	千	百	十	元	角	分	百	十	万	千	百	十	元	角	分	十	万	千	百	十	元	角	分	十	万	千	百	十	元	角	分
12	1			月初在产品成本			2	9	6	0	0	0	0			1	6	0	0	0	0	0			4	4	0	0	0	0			9	2	0	0	0	0
12	31			本月材料费用																																		

图 2-17　“基本生产成本”明细分类账（碳素笔笔芯）直接材料费用登记

基本生产成本　明细分类账

科目：生产成本

子目：圆珠笔笔芯　　　　　　　　　　完工产品数量：13 800 盒，在产品数量 760 盒

2018 年		凭证		摘要	借方发生额合计									成本项目																									
														直接材料									直接人工								制造费用							
月	日	字	号		百	十	万	千	百	十	元	角	分	百	十	万	千	百	十	元	角	分	十	万	千	百	十	元	角	分	十	万	千	百	十	元	角	分
12	1			月初在产品成本			2	8	0	3	0	0	0			1	1	2	0	0	0	0			5	4	7	0	0	0		1	1	3	6	0	0	0
12	31			本月材料费用																																		

图 2-18　“基本生产成本”明细分类账（圆珠笔笔芯）直接材料费用登记

步骤六　编制折旧及其他费用分配表

对于外购动力费用较多的企业，可以专设“燃料及动力费”成本项目单独核算；对于外购动力费用不多的企业，将外购动力费用并入“制造费用”成本项目进行核算。燃料费用的分配应选择合理的分配标准，可以按照材料费用的分配方法进行分配。

折旧和其他费用按照受益对象进行归集，编制的折旧、其他费用汇总分配表如表2-9所示。

表2-9　折旧、其他费用汇总分配表

2018年12月　　　　单位：元

借方科目	明细科目	折旧费	电费	水费	燃煤	机物料	周转材料	办公费	保险费	合计
制造费用	基本车间	16 000	2 500	100		600	1 200	600	1 000	22 000
辅助生产成本	维修车间	4 000	500			200	500	200	300	5 700
	恒温车间	3 000	1 000	1 500	1 000	200	400	100	500	7 700
合计		23 000	4 000	1 600	1 000	1 000	2 100	900	1 800	35 400

试根据折旧、其他费用汇总分配表编制记账凭证（图2-19和图2-20）。

转 账 凭 证

年　月　日　　　　转字　号

摘要	借方		贷方		√	金额										
	科目	明细科目	科目	明细科目		亿	千	百	十	万	千	百	十	元	角	分
合　计																

附件　张

会计主管　　记账　　出纳　　复核　　制单

图2-19　转账凭证（一）

转 账 凭 证

年　月　日　　　　转字　号

摘要	借方		贷方		√	金额										
	科目	明细科目	科目	明细科目		亿	千	百	十	万	千	百	十	元	角	分
合　计																

附件　张

会计主管　　记账　　出纳　　复核　　制单

图2-20　转账凭证（二）

巩固与拓展

一、单项选择题

1. 下列各项属于要素费用的是（　　）。

A. 直接材料　　B. 外购材料

C. 直接人工　　D. 制造费用

2. 用来核算企业为生产产品和提供劳务而发生的各项间接费用的是（　　）账户。

A. “基本生产成本”　　B. “制造费用”

C. “管理费用”　　D. “财务费用”

3. 企业为生产产品发生的原料及主要材料的耗费，应通过（　　）账户进行核算。

A. “基本生产成本”　　B. “辅助生产成本”

C. “管理费用”　　D. “制造费用”

4. 成本的经济实质是（　　）。

A. 生产经营过程中所耗费生产资料转移价值的货币表现

B. 劳动者为自己劳动所创造价值的货币表现

C. 劳动者为社会劳动所创造价值的货币表现

D. 企业在生产经营过程中所耗费的资金的总和

5. 从管理角度来看，成本会计是（　　）的一个组成部分。

A. 管理会计　　B. 财务会计

C. 财务管理　　D. 预算会计

二、多项选择题

1. 下列属于成本项目的有（　　）。

A. 工资　　B. 直接人工

C. 直接材料　　D. 制造费用

2. 要素费用中的税金包括（　　）。

A. 房产税　　B. 车船使用税

C. 印花税　　D. 营业税

3. 计入产品成本的生产费用按计入方式不同，分为（　　）。

A. 制造费用　　B. 直接人工

C. 直接计入费用　　D. 间接计入费用

4. 工业企业成本核算的一般程序包括（　　）。

A. 对企业的各项支出、费用进行严格的审核和控制

B. 正确划分各个月份的费用界限，正确核算待摊费用和预提费用

C. 将生产费用在各种产品之间进行分配和归集

D. 将生产费用在本月完工产品与月末在产品之间进行分配和归集

5．应计入产品成本的各种材料费用，按其用途进行分配，应记入（　　）账户。

A．“管理费用”　　　　B．“基本生产成本”

C．“制造费用”　　　　D．“财务费用”

三、判断题

1．企业在经营过程中发生的各项经营管理费用，应计入产品成本。（　　）

2．要素费用中的外购材料与成本项目中的直接材料费用的内涵是一致的。（　　）

3．凡是在生产过程中发生的、与产品生产有关的所有直接或间接耗费，均应作为生产费用计入产品成本。（　　）

4．一个要素费用按经济用途可能记入几个成本项目，一个成本项目可以归集同一经济用途的几个要素费用。（　　）

5．不设“燃料和动力”成本项目的企业，其生产消耗的燃料可记入“直接材料”成本项目。（　　）

四、实务操作题

某企业本月生产A产品25台、B产品40台、C产品50台，共同耗用甲材料3 672千克，甲材料单价为5元。三种产品单位材料消耗量分别是60千克、40千克和10千克。

要求：根据以上材料，采用材料定额消耗量比例法分配甲材料费用，并编制相应的会计分录。

任务二　核算工资费用

任务目标

1. 熟悉工资费用的工作流程。
2. 准确计算计时工资和计件工资。
3. 准确分配工资费用。

任务内容

本部分包括两项内容：工资的核算和工资的分配。在了解工资费用的核算流程及计时工资、计件工资的核算方法后，根据案例企业的职工薪酬资料完成生产工人工资费用的核算。

重点与难点

计时工资和计件工资的核算，以及各种代扣款项的处理。

实施条件

在已有的各类明细账页上进行登记。

任务实施

步骤一　熟悉工资核算流程

工资核算流程：制作当月应付工资明细汇总表→编制工资分配明细表，同时分别按工资总额的 14%和 2%计提福利费和工会经费→编制记账凭证。

步骤二　掌握计时工资和计件工资的核算方法

工业生产企业可根据具体情况采用不同的工资制度，其中最基本的工资制度是计时工资制度和计件工资制度。工资费用的核算方法如图 2-21 所示。

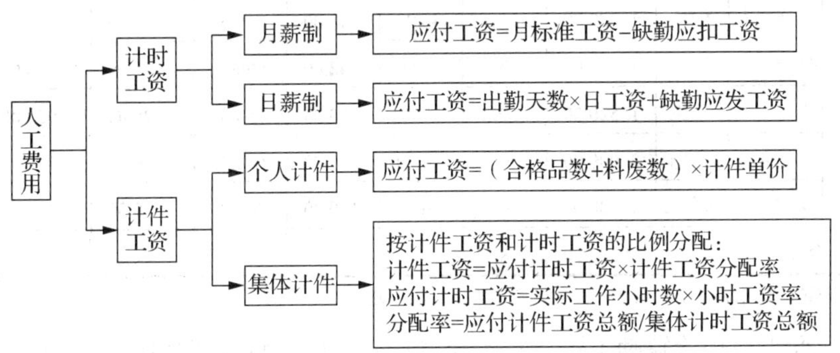

图 2-21　工资费用的核算方法

知识窗

工资总额包括计时工资、计件工资、奖金、津贴和补贴、延长工作时间的工资，以及特殊情况下支付的工资等。

计时工资是根据工资标准、考勤记录和有关制度计算的，具体分为月薪制、日薪制和小时工资制。一般来说，企业固定职工的计时工资采用月薪制，临时职工的计时工资采用日薪制或小时工资来计算。本案例企业职工计时工资明细表如表 2-10 所示（本企业一律采用月薪制下 30 天计算计时工资）。

表 2-10　12 月份职工计时工资明细表

金额单位：元

2018 年 12 月　　时间单位：小时

所属部门	人员类别	姓名	基本工资	缺勤工资		平时加班		节假日加班		计时工资
				天数	金额	时间	金额	时间	金额	
行政管理部门	管理人员	王佳佳	2 800.00	0	0.00	10.00	117.00	4.00	83.00	3 000.00
	管理人员	王伟	2 400.00	0	0.00	40.00	400.00	0.00	0.00	2 800.00

续表

所属部门	人员类别	姓名	基本工资	缺勤工资		平时加班		节假日加班		计时工资
				天数	金额	时间	金额	时间	金额	
生产车间	车管人员	黄明秀	1 800.00	0	0.00	40.00	300.00	21.00	400.00	2 500.00
	生产工人	黎永梅	1 520.00	0	0.00	142.00	900.00	75.00	950.00	3 370.00
	生产工人	李宇	1 700.00	0	0.00	58.00	410.00	43.00	608.90	2 718.90
	生产工人	谷俊琪	1 260.00	5	102.90	0.00	0.00	0.00	0.00	1 157.10
	生产工人	谷卓	1 520.00	0	0	142.00	900.00	70.00	884.00	3 304.00
	生产工人	吴天明	1 380.00	2	92.00	78.00	448.50	75.00	862.50	2 599.00
	生产工人	赵力和	1 380.00	1	46.00	142.00	816.50	35.00	402.50	2 553.00
	生产工人	王田	1 520.00	0	0.00	142.00	900.00	51.00	648.00	3 068.00
	生产工人	李玉霞	1 520.00	0	0	120.00	760.00	75.00	950.00	3 230.00
维修车间	维修人员	董明军	2 000.00	0	0.00	81.30	610.00	26.00	390.00	3 000.00
恒温车间	操作工人	宋冬飞	1 200.00	0	0.00	140.00	700.00	10.00	100.00	2 000.00
合计			22 000.00	8						

注：谷俊琪请病假 3 天，请事假 2 天；吴天明请事假 2 天；赵力和请事假 1 天。

按月标准工资扣除缺勤工资计算，应付计时工资计算公式如图 2-22 所示。

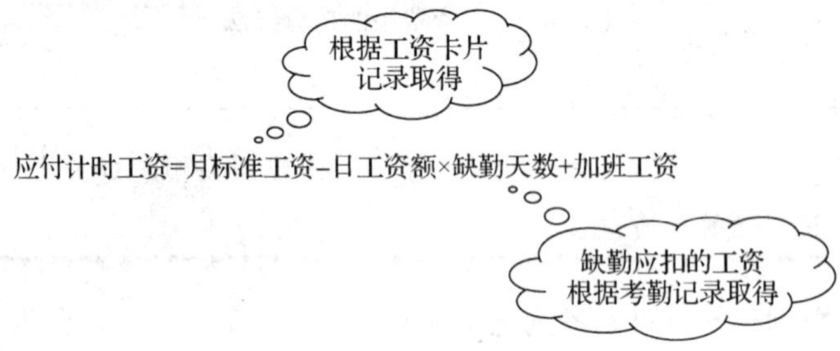

图 2-22　应付计时工资公式

日工资率的计算有以下两种方式：

1）每月固定按 30 天计算，缺勤期间的节假日也视为缺勤，是要扣工资的，即

$$日工资=\frac{月标准工资}{30}$$

2）每月固定按 21 天计算，缺勤期间的节假日不算缺勤（因为已经扣掉），不扣工资，即

$$日工资=\frac{月标准工资}{21}$$

21 天的来历：（全年 365 天−7 个法定节假日−104 个公休日）/12≈21。

此案例中，假设谷俊琪请病假期间应发工资比例为 85%，12 月共 31 天，公休日 8 天，职工谷俊琪本月请病假 3 天，事假 2 天。

按 30 天计算，日工资=1 260/30=42（元/天），则

本月谷俊琪应付计时工资=1 260−42×3×（1−85%）−42×2=1 157.10（元）

按 21 天计算，日工资=1 260/21=60（元/天），则

本月谷俊琪应付计时工资=1 260−60×3×（1−85%）−60×2=1 113（元）

如按职工出勤天数计算，应付计时工资计算公式为

应付计时工资=出勤日数×日工资+病假应发的工资+加班工资

式中，病假应发的工资=病假天数×日工资×病假应发比例。

按 30 天计算：

本月谷俊琪应付计时工资=42×（18+8）+42×3×85%=1 199.10（元）

按 21 天计算：

本月谷俊琪应付计时工资=60×18+60×3×85%=1 233（元）

想一想

为什么计算出来的工资会不相同呢？

本案例企业职工工资明细表如表 2-11 所示。

表 2-11　职工工资明细表

2018 年 12 月　　金额单位：元

所属部门	人员类别	姓名	应付职工工资				代扣款项						实付职工工资
			岗位工资	奖金	职务补贴	合计	养老保险（8%）	医疗保险（2%）	失业保险（1%）	住房公积金（8%）	个人所得税	合计	
行政部门	管理人员	王佳佳	3 000.00	240.00	160.00	3 400.00	272.00	68.00	34.00	272.00	0.00	646.00	2 754.00
	管理人员	王伟	2 800.00	0.00	0.00	2 800.00	224.00	56.00	28.00	224.00	0.00	532.00	2 268.00
生产车间	车间管理人员	黄明秀	2 500.00	400.00	100.00	3 000.00	240.00	60.00	30.00	240.00	0.00	570.00	2 430.00
	生产工人	黎永梅	3 370.00	300.00	0.00	3 670.00	293.60	73.40	36.70	293.60	0.00	697.30	2 972.70
	生产工人	李宇	2 718.90	300.00	0.00	3 018.90	241.51	60.38	30.19	241.51	0.00	573.59	2 445.31
	生产工人	谷俊琪	1 157.10	100.00	0.00	1 257.10	100.57	25.14	12.57	100.57	0.00	238.85	1 018.25
	生产工人	谷卓	3 304.00	300.00	0.00	3 604.00	288.32	72.08	36.04	288.32	0.00	684.76	2 919.24

续表

所属部门	人员类别	姓名	应付职工工资				代扣款项						实付职工工资
			岗位工资	奖金	职务补贴	合计	养老保险（8%）	医疗保险（2%）	失业保险（1%）	住房公积金（8%）	个人所得税	合计	
生产车间	生产工人	吴天明	2 599.00	200.00	0.00	2 799.00	223.92	55.98	27.99	223.92	0.00	531.81	2 267.19
	生产工人	赵力和	2 553.00	200.00	0.00	2 753.00	220.24	55.06	27.53	220.24	0.00	523.07	2 229.93
	生产工人	王田	3 068.00	300.00	0.00	3 368.00	269.44	67.36	33.68	269.44	0.00	639.92	2 728.08
	生产工人	李玉霞	3 230.00	300.00	0.00	3 530.00	282.40	70.60	35.30	282.40	0.00	670.70	2 859.30
维修车间	维修人员	董明军	3 000.00	0.00	0.00	3 000.00	240.00	60.00	30.00	240.00	0.00	570.00	2 430.00
恒温车间	操作工人	宋冬飞	2 000.00	0.00	0.00	2 000.00	160.00	40.00	20.00	160.00	0.00	380.00	1 620.00
合计			35 300.00	2 640.00	260.00	38 200.00	3 056.00	764.00	382.00	3 056.00	0.00	7 258.00	30 942.00

计件工资一般情况下是针对生产工人所采用的计算方法。采用计件工资时，根据产量记录中登记的每一生产工人或班组完成的产品产量乘以规定的计件单价计算。具体计算公式为

$$\text{应付计件工资} = \sum(\text{合格品数量} + \text{料废数量}) \times \text{计价单价}$$

集体计件工资是先按照集体完成合格品数量和计件单价，计算出集体计件工资总额，然后采用一定的方法，将集体计件工资总额在集体成员内部进行分配。相关计算公式如图 2-23 所示。

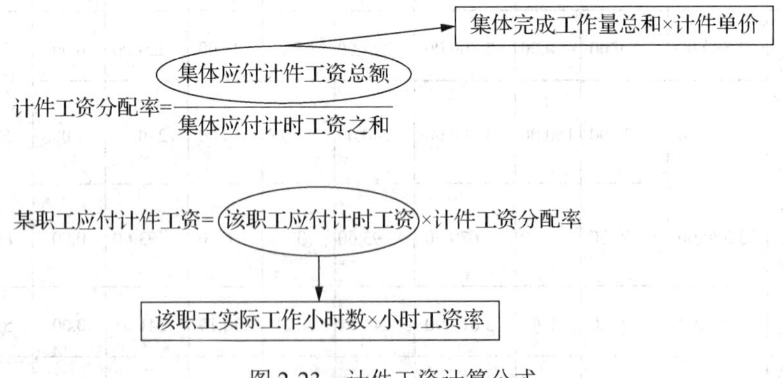

图 2-23　计件工资计算公式

【例 2-1】某小组共同完成一批产品，小组成员包括李红、宋秀萍、贾中天 3 人。本月共完成甲产品 1 000 件，计件单价 8 元/件。集体应付计时工资为 4 000 元。则

集体应付计件工资=1 000×8=8 000（元）

$$\text{计件工资分配率}=\frac{8\,000}{4\,000}=2$$

则每位职工应付计件工资的计算结果如表 2-12 所示。

表 2-12　计件工资分配表

2018 年 12 月　　金额单位：元

姓名	等级	小时工资率	实际工作小时	计时工资	分配率	应付计件工资
李红	5	12	160	1 920		3 840
宋秀萍	4	10	120	1 200		2 400
贾中天	3	8	110	880		1 760
合计				4 000	2	8 000

步骤三　分配生产工人的工资费用

本任务中工资费用的分配需要计算的主要是几种产品共同发生的生产工人的工资费用在这几种产品之间的分配。分配之后将该工资费用计入产品成本明细账中的“直接人工”的成本项目下。

一般来说，生产工人工资中的计件工资，属直接计入费用，应直接记入产品成本明细账；计时工资及其他工资一般属间接计入费用，应在各受益产品之间进行分配。分配标准一般是产品的生产工时，可以是实际工时，也可以是定额工时。相关计算公式如下：

$$\text{生产工人工资分配率}=\frac{\text{生产工人工资总额}}{\text{各种产品的实际（定额）工时之和}}$$

$$\text{各种产品应分配的工资}=\text{各种产品的实际（定额）工时}\times\text{工资分配率}$$

通常，企业工资费用的分配以本月应付工资总额为准，如各月工资相差不多，为简化核算工作，也可按当月实际支付的工资额进行分配。工资费用的分配应按工资的用途分别计入有关成本、费用账户，如表 2-3 和表 2-13 所示。

表 2-13　职工薪酬分配表

2018 年 12 月　　金额单位：元

借方科目	明细科目	累计生产工时	生产工资分配率	应分配工资
管理费用	工资			
制造费用	基本生产车间			
基本生产成本	圆珠笔笔芯	2 000		
	碳素笔笔芯	4 000		
	小计	6 000		2 4000
辅助生产成本	维修车间			
	恒温车间			
合计				

步骤四　编制记账凭证

试根据表 2-12 数字自己填写金额，并编制记账凭证（图 2-24 和图 2-25）和会计分录。

编制会计分录如下：

借：管理费用

　　制造费用

　　生产成本——基本生产成本——圆珠笔笔芯

　　生产成本——基本生产成本——碳素笔笔芯

　　生产成本——辅助生产成本——维修车间

　　生产成本——辅助生产成本——恒温车间

　　贷：应付职工薪酬

转 账 凭 证

年　月　日　　　　转字　号

摘要	借方		贷方		√	金额										
	科目	明细科目	科目	明细科目		亿	千	百	十	万	千	百	十	元	角	分
合　计																

附件　张

会计主管　　记账　　出纳　　复核　　制单

图 2-24　转账凭证（一）

转 账 凭 证

年　月　日　　　　转字　号

摘要	借方		贷方		√	金额										
	科目	明细科目	科目	明细科目		亿	千	百	十	万	千	百	十	元	角	分
合　计																

附件　张

会计主管　　记账　　出纳　　复核　　制单

图 2-25　转账凭证（二）

步骤五　登记“基本生产成本”明细分类账

完成图 2-26 和图 2-27“基本生产成本”明细分类账中直接人工费用的登记。

基本生产成本 明细分类账

科目：生产成本

子目：碳素笔笔芯　　　　完工产品数量：20 110 盒，在产品数量 210 盒

2018 年		凭证		摘要	借方发生额合计									成本项目																								
														直接材料									直接人工								制造费用							
月	日	字	号		百	十	万	千	百	十	元	角	分	百	十	万	千	百	十	元	角	分	十	万	千	百	十	元	角	分	十	万	千	百	十	元	角	分
12	1			月初在产品成本			2	9	6	0	0	0	0			1	6	0	0	0	0	0			4	4	0	0	0	0			9	2	0	0	0	0
12	31	转	2	本月材料费用																																		
12	31	转	3	本月工资费用																																		

图 2-26 “基本生产成本”明细分类账（碳素笔笔芯）直接人工费用登记

基本生产成本 明细分类账

科目：生产成本

子目：圆珠笔笔芯　　　　完工产品数量：1 3800 盒，在产品数量 760 盒

2018 年		凭证		摘要	借方发生额合计									成本项目																								
														直接材料									直接人工								制造费用							
月	日	字	号		百	十	万	千	百	十	元	角	分	百	十	万	千	百	十	元	角	分	十	万	千	百	十	元	角	分	十	万	千	百	十	元	角	分
12	1			月初在产品成本			2	8	0	3	0	0	0			1	1	2	0	0	0	0			5	4	7	0	0	0		1	1	3	6	0	0	0
12	31	转	1	本月材料费用																																		
12	31	转	3	本月工资费用																																		

图 2-27 “基本生产成本”明细分类账（圆珠笔笔芯）直接人工费用登记

巩固与拓展

一、单项选择题

1．核算每个职工的应得计件工资，主要依据（　　）的记录。

A．工资卡片　　　　B．考勤记录

C．产量工时记录　　　　D．工资单

2．某职工 10 月份请病假 3 日、事假 2 日，出勤 17 日，周末双休 9 日。若日工资率按 30 天计算，按出勤日数计算月工资，则该职工应得出勤工资按（　　）天计算。

A．17　　　　B．20

C．23　　　　D．26

3．福利部门人员的工资费用和按福利部门人员工资计提的福利费应（　　）账户的借方和贷方。

A．分别记入“管理费用”和“应付福利费”

B．分别记入“应付福利费”和“管理费用”

C．均记入“管理费用”

D．均记入“应付福利费”

4．在计时工资制下，分配基本生产车间工人的工资费用时，采用（　　）作为分配标准比较合理。

A．实际工时　　B．定额工时

C．计划工时　　D．机器工时

5．在计时工资核算制下，可以采用每月固定按（　　）天计算。

A．23　　B．30

C．26　　D．17

二、多项选择题

1．“财务费用”账户核算的内容包括（　　）。

A．财务人员工资　　B．利息支出

C．汇兑损益　　D．财务人员业务培训费

2．计提固定资产折旧，应借记（　　）账户。

A．“基本生产成本”　　B．“辅助生产成本”

C．“制造费用”　　D．“固定资产”

3．用于几种产品生产的共同耗用材料费用的分配，常用的分配标准有（　　）。

A．工时定额　　B．生产工人工资

C．材料定额费用　　D．材料定额消耗量

4．根据有关规定，下列不属于工资总额内容的是（　　）。

A．退休工资　　B．差旅费

C．福利人员工资　　D．长病假人员工资

5．职工的计件工资，可能记入（　　）账户的借方。

A．“基本生产成本”　　B．“辅助生产成本”

C．“制造费用”　　D．“管理费用”

三、判断题

1．凡是发放给企业职工的货币，均作为工资总额的组成部分。（　　）

2．计件工资只能按职工完成的合格品数量乘以计件单价计算发放。（　　）

3．职工福利费应按实发工资的14%计算提取。（　　）

4．工资是对职工个人消费品分配的基本形式。（　　）

5．工资总额是各单位在一定时期内直接支付给全部职工的劳动报酬总额。（　　）

任务三 核算辅助生产费用

任务目标

1. 熟悉辅助生产费用的作用和工作流程。
2. 准确对辅助生产费用进行分配。

任务内容

在了解辅助生产费用的核算流程后，根据案例企业的资料完成辅助生产费用分配的核算。

重点与难点

交互分配法的核算过程。

实施条件

在已有的各类明细账页上进行登记。

任务实施

步骤一 熟悉辅助生产费用的工作流程及费用归集

（一）工作流程

工作流程：结出当月辅助生产费用→向生产部统计岗取得各车间产量工时→编制辅助生产费用分配表→编制记账凭证→登记相关账簿。

（二）归集辅助生产费用

辅助生产车间是为企业的基本生产车间、行政管理等部门提供产品或劳务的生产车间，一般很少对外服务。辅助生产成本的高低，对产品成本水平有直接影响。因此，辅助生产车间所发生的费用，必须先单独进行归集与核算，然后按一定的方法和标准将其分配计入各受益对象中。辅助生产费用的归集是将辅助生产车间在生产或提供劳务过程中所耗用的原材料费用、工资费用、动力费用、辅助生产车间的制造费用，以及其他费用登记到“辅助生产成本”明细分类账的过程。“辅助生产成本”明细分类账如表 2-14 和表 2-15 所示。

表 2-14 “辅助生产成本”明细分类账（恒温车间）

车间名称：恒温车间　　2018 年 12 月　　单位：元

摘要	职工薪酬	折旧	外购动力	其他	合计
职工薪酬分配表	2 000				2 000
折旧、其他费用分配表		3 000	3 500	1 200	7 700
合计	2 000	3 000	3 500	1 200	9 700

表 2-15 “辅助生产成本”明细分类账（维修车间）

车间名称：维修车间　　2018 年 12 月　　单位：元

摘要	职工薪酬	折旧	外购动力	其他	合计
职工薪酬分配表	3 000				3 000
折旧、其他费用分配表		4 000	500	1 200	5 700
合计	3 000	4 000	500	1 200	8 700

步骤二　掌握辅助生产费用分配方法

因为辅助生产车间是为基本生产和行政管理提供产品或服务的，所以其所发生的费用也就是“辅助生产成本”明细分类账借方归集的发生额，要在其受益对象或部门之间进行分配。分配的方法有直接分配法、交互分配法、计划成本分配法、代数分配法及顺序分配法等。辅助生产费用分配的原则是“谁受益，谁承担费用”。

（一）直接分配法

直接分配法的特点：不考虑辅助生产车间之间相互提供劳务或产品的情况，而是将各种辅助生产费用直接分配给辅助生产以外的各受益单位。采用直接分配法，各辅助生产费用只进行对外分配，分配一次，计算简便，但分配结果不够准确。相关的计算公式为

$$\text{分配率}=\frac{\text{辅助生产费用}}{\text{该辅助生产车间提供的总劳务量}-\text{其他辅助生产车间耗用的劳务量}}$$

各产品、部门应承担的辅助生产费用=其耗用的劳务量×分配率

练一练

试以案例企业为例，采用直接分配法分配维修车间和恒温车间所归集的辅助生产费用。

（二）计划成本分配法

计划成本分配法是事先制定好各辅助生产车间的计划单位成本（相当于分配率），按辅助生产车间提供的产品或劳务的实际耗用量和计划单位成本进行分配，辅助生产车间实际发生的费用（包括辅助生产内部交互分配转入的费用）与按计划成本分配转出的费用之间的差额采用简化计算方法计算并记入“管理费用”账户的一种核算方法。辅助生产成本差异计算公式如图 2-28 所示。

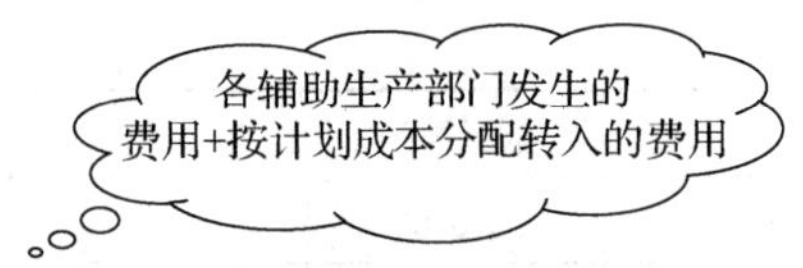

辅助生产成本差异=辅助生产实际成本–按计划单位成本分配转出的费用

图 2-28　辅助生产成本差异公式

计划成本分配法的特点：不计算分配率，按照给出的计划单位成本直接分配；内部和外部一起分配；实际成本与计划成本的差异，采用简化计算方法全部计入管理费用。

计划成本分配法的计算步骤如下：

1．按劳务的计划单位成本进行分配

假设案例企业维修费用的计划单位成本为9.9元/小时，恒温车间的计划单位成本为2.1元/立方米，则

恒温车间应承担的维修费用=50×9.9=495（元）

基本生产车间应承担的维修费用=870×9.9=8 613（元）

维修车间应承担的恒温车间的费用=200×2.1=420（元）

基本生产车间应承担的恒温车间的费用=4 600×2.1=9 660（元）

编制会计分录如下：

借：辅助生产成本——恒温车间　　495

　　制造费用　　8 613

　　贷：辅助生产成本——维修车间　　9 108

借：辅助生产成本——维修车间　　420

　　制造费用　　9 660

　　贷：辅助生产成本——恒温车间　　10 080

2．计算辅助生产车间实际发生的费用与计划成本分配额的差异

辅助生产车间实际发生的费用与计划成本分配额的差异计算如下：

维修车间实际发生的费用与计划成本分配额的差异=8 700+420-（495+8 613）=12（元）

恒温车间实际发生的费用与计划成本分配额的差异=9 700+495-（420+9 660）=115（元）

按计划分配法分配如下：

辅助生产成本——维修车间

工资	3 000	
折旧	4 000	
动力	500	
其他	1 200	
合计	8 700	9 108（495+8 613）
转入	420	
实际费用	9 120	9 108　　计划成本分配额
差异	12	

辅助生产成本——恒温车间

借方		贷方	
工资	2 000		
折旧	3 000		
动力	3 500		
其他	1 200		
合计	9 700	10 080（420+9 660）	
转入	495		
实际费用	10 195	10 080	计划成本分配额
差异	115		

3．将辅助生产车间成本差异直接转入“管理费用”账户

编制会计分录如下：

借：管理费用　　127

　　贷：辅助生产成本——维修车间　　12

　　　　辅助生产成本——恒温车间　　115

辅助生产费用分配表（计划成本分配法）如表 2-16 所示。

表 2-16　辅助生产费用分配表（计划成本分配法）

2018 年 12 月　　金额单位：元

辅助生产车间名称			维修车间	恒温车间	合计
待分配费用			8 700	9 700	18 400
劳务供应数量			920	4 800	
计划单位成本			9.9	2.1	
辅助生产费用	维修车间	受益面积		200	
		金额		420	420
	恒温车间	维修时间	50		
		金额	495		495
制造费用	基本生产车间	劳务量	870	4 600	
		金额	8 613	9 660	18 273
按计划成本分配金额合计			9 108	10 080	19 188
辅助生产实际成本			9 120	10 195	19 315
辅助生产成本差异			12	115	127

（三）代数分配法

代数分配法的特点是先根据解联立方程的原理，计算辅助生产劳务或产品的单位成本，然后根据各受益单位耗用的数量和单位成本分配辅助生产费用。此方法有关费用的分配结果最准确，但在辅助生产车间较多的情况下，未知数也较多，计算工作比较复杂，

因此，本方法适用于已经实现电算化的企业。

（四）顺序分配法

顺序分配法，也称梯形分配法，特点是按照辅助生产车间受益多少的顺序分配费用，受益少的先分配，受益多的后分配，先分配的辅助生产车间不负担后分配的辅助生产车间的费用。

相关计算公式如下：

先分配的辅助车间的费用分配率=辅助生产成本总额/辅助生产的产品或劳务数量（包括对辅助生产各车间提供的产品或劳务数量）

后分配的辅助生产车间的费用分配率=（辅助生产成本总额+先分配转入的费用）/辅助生产的产品或劳务数量（不包括对辅助生产各车间提供的产品或劳务数量）

（五）交互分配法

交互分配法有两次分配过程：第一次是根据各辅助生产车间内部相互供应的数量和交互分配前的成本分配率（单位成本），在各辅助生产部门间进行分配；第二次是将各辅助生产车间交互分配后的实际费用，按对外提供劳务的数量，在辅助生产车间以外的各个受益部门之间进行分配。交互分配法第二次分配（对外分配）的实际费用为交互分配前的成本加上分配转入的成本费用，再减去交互分配转出的成本费用。

具体计算步骤总结如下（以案例企业为例，参见表2-7、表2-14和表2-15）：

1．计算交互分配率

$$\text{维修费用分配率}=\frac{\text{维修车间生产费用}}{\text{维修车间总的劳务量}}=\frac{8\,700}{920}\approx 9.456\,5$$

$$\text{恒温费用分配率}=\frac{\text{恒温车间生产费用}}{\text{恒温车间总的劳务量}}=\frac{9\,700}{4\,800}\approx 2.020\,8$$

2．计算交互分配额

维修车间应承担的恒温车间的费用=维修车间耗用的恒温车间劳务量×恒温费用分配率

=200×2.02=404（元）

恒温车间应承担的维修车间的费用=恒温车间耗用的维修车间的劳务量×维修费用分配率

=50×9.46=473（元）

编制的记账凭证如图 2-29 所示。

转账凭证

2018 年 12 月 31 日　　　　　　　　转字 7 号

摘要	借方		贷方		√	金额										
	科目	明细科目	科目	明细科目		亿	千	百	十	万	千	百	十	元	角	分
交互分配	辅助生产成本	维修车间			√							4	0	4	0	0
		恒温车间			√							4	7	3	0	0
			辅助生产成本	维修车间	√							4	7	3	0	0
				恒温车间	√							4	0	4	0	0
合计											¥	8	7	7	0	0

附件　张

会计主管：王佳佳　　记账：王佳佳　　出纳：　　复核：王佳佳　　制单：王伟

图 2-29　转账凭证

3．计算对外分配额（调整后的费用）

相关计算公式如下：

维修车间调整后的费用=维修车间调整前的费用+转入的费用（维修车间承担的恒温费用）−转出的费用（恒温车间承担的维修费用）

=8 700+404−473=8 631（元）

恒温车间调整后的费用=恒温车间调整前的费用+转入的费用（恒温车间承担的维修费用）−转出的费用（维修车间承担的恒温费用）

=9 700+473−404=9 769（元）

4．计算对外分配率

相关计算公式如下：

$$\text{维修车间对外分配率}=\frac{\text{维修车间调整后费用}}{\text{维修车间总的劳务量}-\text{恒温车间耗用的劳务量}}=\frac{8\,631}{920-50}\approx 9.920\,7$$

$$\text{恒温车间对外分配率}=\frac{\text{恒温车间调整后费用}}{\text{恒温车间总的劳务量}-\text{维修车间耗用的劳务量}}=\frac{9\,769}{4\,800-200}\approx 2.123\,7$$

5．计算对外分配额

相关计算公式如下：

各产品、部门应承担的辅助生产费用=其耗用劳务量×辅助生产费用对外分配率

基本生产车间应承担的维修费用=基本生产车间耗用维修车间的劳务量×维修车间的对外分配率

基本生产车间应承担的恒温费用=基本生产车间耗用恒温车间的劳务量×恒温车间的对外分配率

辅助生产费用分配表（交互分配法）如表 2-17 所示。

表 2-17　辅助生产费用分配表（交互分配法）

2018 年 12 月　　　　金额单位：元

项目			交互分配			对外分配		
辅助生产车间名称			维修车间	恒温车间	合计	维修车间	恒温车间	合计
待分配费用			8 700	9 700	18 400	8 631	9 769	18 400
劳务供应数量			920	4 800		870	4 600	
费用分配率			9.456 5	2.020 8		9.920 7	2.123 7	
辅助生产费用	维修车间	受益面积		200				
		金额		404				
辅助生产费用	恒温车间	维修时间	50					
		金额	473					
制造费用	基本生产车间	劳务量				870	4 600	
		金额				8 631	9 769	
合计			8 700	9 700	18 400	8 631	9 769	18 400

注：因为该案例企业的辅助生产费用中，除了辅助生产车间受益外，只有一个基本生产车间受益，所以不需要计算第 4 步和第 5 步。也就是说，基本生产车间承担的维修费用就是维修车间调整后的费用 8 631 元，基本生产车间承担的恒温费用也就是恒温车间调整后的费用 9 769 元。

步骤三　编制记账凭证

编制的记账凭证如图 2-30 所示。

转 账 凭 证

2018 年 12 月 31 日　　　　转字 8 号

摘要	借方科目	借方明细科目	贷方科目	贷方明细科目	√	亿	千	百	十	万	千	百	十	元	角	分
对外分配	制造费用	基本生产车间			√					1	8	4	0	0	0	0
			辅助生产成本	维修车间	√						8	6	3	1	0	0
				恒温车间	√						9	7	6	9	0	0
合计									¥	1	8	4	0	0	0	0

附件 1 张

会计主管：王佳佳　　记账：王佳佳　　出纳：　　复核：王佳佳　　制单：王伟

图 2-30　转账凭证

步骤四　登记“辅助生产成本”明细分类账

“辅助生产成本”明细账如表 2-18 和表 2-19 所示。

表 2-18　“辅助生产成本”明细分类账（恒温车间）

车间名称：恒温车间　　　　2018 年 12 月　　　　单位：元

摘要	职工薪酬	折旧	外购动力	其他	转入	转出	累计金额
职工薪酬分配	2 000						
折旧、其他费用分配		3 000	3 500	1 200			
辅助生产费用分配					473		
辅助生产费用分配						404	
本月发生额合计	2 000	3 000	3 500	1 200	473	404	9 769
结转本月辅助生产费用	2 000	3 000	3 500	1 200	473	404	9 769

表 2-19　“辅助生产成本”明细分类账（维修车间）

车间名称：维修车间　　　　2018 年 12 月　　　　单位：元

摘要	职工薪酬	折旧	外购动力	其他	转入	转出	累计金额
职工薪酬分配	3 000						
折旧、其他费用分配		4 000	500	1 200			
辅助生产费用分配					404		
辅助生产费用分配						473	
本月发生额合计	3 000	4 000	500	1 200	404	473	8 631
结转本月辅助生产费用	3 000	4 000	500	1 200	404	473	8 631

巩固与拓展

一、单项选择题

1．采用辅助生产费用的交互分配法，对外分配的费用总额是（　　）。

A．交互分配前的费用

B．交互分配前的费用加上交互分配转入的费用

C．交互分配前的费用减去交互分配转出的费用

D．交互分配前的费用加上交互分配转入的费用，再减去交互分配转出的费用

2．辅助生产费用的直接分配法，是将辅助生产费用（　　）。

A．直接计入基本生产成本的方法

B．直接计入辅助生产成本的方法

C．直接分配给辅助生产以外的各受益单位的方法

D．直接分配给所有受益单位的方法

3．在辅助生产的各种分配方法中，能分清内部经济责任、有利于实行厂内经济核算的是（　　）。

A．直接分配法　　B．交互分配法

C．代数分配法　　D．计划成本分配法

4．辅助生产车间发生的制造费用（　　）。

A．必须通过“制造费用”总账账户核算

B．不必通过“制造费用”总账账户核算

C．根据具体情况，可以记入“制造费用”总账账户，也可以直接记入“辅助生产成本”账户。

D．首先记入“辅助生产成本”账户

5．在各辅助生产车间相互提供劳务很少的情况下，适宜采用的辅助生产费用分配方法是（　　）。

A．直接分配法　　B．交互分配法

C．计划成本分配法　　D．代数分配法

二、多项选择题

1．下列辅助生产费用分配法中，需要经过两次分配的方法有（　　）。

A．直接分配法　　B．交互分配法

C．代数分配法　　D．计划分配率分配法

2．企业最常用的辅助生产费用分配方法是（　　）。

A．直接分配法　　B．交互分配法

C．代数分配法　　D．顺序分配法

3．采用计划分配率分配法分配辅助生产费用时，其劳务成本差异的处理方法有（　　）。

A．分配给所有受益部门负担

B．列为当月管理费用

C．转作本车间制造费用处理

D．由辅助生产车间以外的受益部门负担

4．分配或结转辅助生产费用可能涉及（　　）账户。

A．“基本生产成本”　　B．“低值易耗品”

C．“制造费用”　　D．“管理费用”

5．下列方法中，属于辅助生产费用分配方法的有（　　）。

A．直接分配法　　B．交互分配法

C．约当产量法　　D．代数分配法

三、判断题

1．在计划成本分配法下，为简化分配工作，对辅助生产成本差异全部调整计入制造费用。（　　）

2．辅助生产费用的交互分配法，是只进行辅助生产车间之间交互分配，不进行对外分配的方法。（　　）

3．辅助生产费用的直接分配法是对所有的受益部门按受益数量进行费用分配的方法。（　　）

4．采用交互分配法分配辅助生产费用，对外分配时劳务数量是交互分配前劳务数量加上交互分配转入的数量，再减去交互分配转出的数量。（　　）

5．在计划成本分配法中，辅助生产车间的实际费用是指其直接发生的费用加上按计划成本分配转入的费用。（　　）

四、实务操作题

1．上海华运企业设置修理和运输两个辅助生产车间、部门。修理车间本月发生的费用为 19 000 元，提供劳务 20 000 小时，其中，为运输部门修理 1 000 小时，为基本生产车间修理 16 000 小时，为行政管理部门修理 3 000 小时。运输部门本月发生的费用为 20 000 元，提供运输劳务 40 000 千米，其中，为修理车间提供的运输劳务 1 500 千米，为基本生产车间提供运输劳务 30 000 千米，为行政管理部门提供运输劳务 8 500 千米。

要求：采用交互分配法计算分配修理、运输费用，并编制会计分录（辅助生产车间不设“制造费用”科目）。

2．上海利民企业修理车间和运输部门本月有关经济业务汇总如下：修理车间发生费用 35 000 元，提供劳务 20 000 小时，其中，为运输部门提供 3 000 小时，为基本生产车间提供 16 000 小时，为管理部门提供 1 000 小时。运输部门发生费用 46 000 元，提供运输劳务 40 000 千米，其中，为修理车间提供 3 500 千米，为基本生产车间提供 30 000 千米，为管理部门提供 6 500 千米。计划单位成本：修理每小时 2 元，运输每小时 1.2 元。

要求：

1）计算按计划成本分配合计数额。

2）计算辅助生产（修理、运输）实际成本数额。

3）计算辅助生产差异。

4）编制按计划成本分配和辅助生产成本差异的会计分录。

任务四　核算制造费用

任务目标

1. 熟悉制造费用的核算流程。
2. 准确计算和分配制造费用。

任务内容

了解制造费用的核算流程后，根据威兴公司的资料完成制造费用的核算。

重点与难点

1. 制造费用的年计划分配方法。
2. 制造费用的分配方法及账务处理。

实施条件

1. 完成“制造费用”明细分类账的费用归集。
2. 小组共同完成案例企业的制造费用的计算。

任务实施

步骤一　熟悉制造费用的核算流程及费用归集

（一）工作流程

工作流程：结出当月制造费用→向生产部统计岗取得各车间产量工时→编制制造费用分配表→编制记账凭证→登记相关账簿。

（二）制造费用的归集

制造费用的归集和分配应当通过“制造费用”账户进行。制造费用根据生产车间设置明细账：基本生产车间的制造费用分配给基本生产车间的产品，辅助生产车间的制造费用先分配给辅助生产成本，再由辅助生产成本分配给最终的产品。“制造费用”明细分类账如表 2-20 所示。

表 2-20　“制造费用”明细分类账

车间名称：基本生产车间　　单位：元

2018 年		摘要	折旧费	电费	水费	机物料费	周转材料费	办公费	保险费	职工薪酬	辅助生产成本	合计
月	日											
12	31	职工薪酬分配								3 000		3 000

续表

2018年		摘要	折旧费	电费	水费	机物料费	周转材料费	办公费	保险费	职工薪酬	辅助生产成本	合计
月	日											
12	31	折旧、其他费用分配	16 000	2 500	100	600	1 200	600	1 000			22 000
12	31	辅助生产费用分配									18 400	18 400
12	31	待分配费用总额	16 000	2 500	100	600	1 200	600	1 000	3 000	18 400	43 400
12	31	制造费用转出	16 000	2 500	100	600	1 200	600	1 000	3 000	18 400	43 400

步骤二 掌握制造费用的分配方法

在只生产一种产品的车间，发生的制造费用可以直接计入该种产品的生产成本计算单中；在生产多种产品的车间，发生的制造费用属于间接费用，应由本车间的各种产品负担。因此，应采用适当的方法在各种产品中进行分配。

分配制造费用通常采用的方法有：生产工人工时比例法、机器工时比例法、生产工人工资比例法和年度计划分配率分配法等。制造费用分配率计算公式如图 2-31 所示。

图 2-31 制造费用分配率计算公式

应分配的制造费用计算公式为

某种产品应分配的制造费用=该种产品分配标准×制造费用分配率

生产工人工时比例法是按照各种产品所用生产工人实际工时数的比例分配制造费用的方法（本案例采用此种方法）。

机器工时比例法是按照生产各种产品所用机器设备运转时间的比例分配制造费用的方法。这种方法适用于产品生产机械化程度较高的车间。采用这种方法，必须具备各种产品所用机器工时的原始记录。

生产工人工资比例法适用于各种产品生产机械化程度相差不多的企业。工资成本分配表可以直接提供生产工人工资资料，采用这种分配方法时核算工作比较简便。

制造费用分配表如表 2-21 所示。

表 2-21　制造费用分配表

车间名称：基本生产车间　　　　2018 年 12 月　　　　金额单位：元

分配对象	累计生产工时	分配率	应分配金额
圆珠笔笔芯	2 000		
碳素笔笔芯	4 000		
合计	6 000		43 400

步骤三　编制记账凭证

试根据表 2-21 中的数据填写金额并编制记账凭证，如图 2-32 所示。

编制记账凭证的会计分录如下：

借：生产成本——基本生产成本——圆珠笔笔芯

　　生产成本——基本生产成本——碳素笔笔芯

　　贷：制造费用

转 账 凭 证

年　　月　　日　　　　转字　　号

摘要	借方		贷方		√	金额										
	科目	明细科目	科目	明细科目		亿	千	百	十	万	千	百	十	元	角	分
合　　计																

附件　　张

会计主管　　记账　　出纳　　复核　　制单

图 2-32　转账凭证

步骤四　登记“基本生产成本”明细分类账

完成图 2-33 和图 2-34“基本生产成本”明细分类账中制造费用的登记。

基本生产成本 明细分类账

科目：生产成本

子目：碳素笔笔芯　　　　完工产品数量：20 110 盒，在产品数量 210 盒

2018年		凭证		摘要	借方发生额合计									成本项目																								
														直接材料									直接人工								制造费用							
月	日	字	号		百	十	万	千	百	十	元	角	分	百	十	万	千	百	十	元	角	分	十	万	千	百	十	元	角	分	十	万	千	百	十	元	角	分
12	1			月初在产品成本			2	9	6	0	0	0	0			1	6	0	0	0	0	0			4	4	0	0	0	0			9	2	0	0	0	0
12	31	转	2	本月材料费用																																		
12	31	转	3	本月工资费用																																		
12	31	转	9	本月制造费用																																		

图 2-33 “基本生产成本”明细分类账（碳素笔笔芯）制造费用登记

基本生产成本 明细分类账

科目：生产成本

子目：圆珠笔笔芯　　　　完工产品数量：13 800 盒，在产品数量 760 盒

2018年		凭证		摘要	借方发生额合计									成本项目																								
														直接材料									直接人工								制造费用							
月	日	字	号		百	十	万	千	百	十	元	角	分	百	十	万	千	百	十	元	角	分	十	万	千	百	十	元	角	分	十	万	千	百	十	元	角	分
12	1			月初在产品成本			2	8	0	3	0	0	0			1	1	2	0	0	0	0			5	4	7	0	0	0		1	1	3	6	0	0	0
12	31	转	1	本月材料费用																																		
12	31	转	3	本月工资费用																																		
12	31	转	9	本月制造费用																																		

图 2-34 “基本生产成本”明细分类账（圆珠笔笔芯）制造费用登记

年度计划分配率分配法是指按年度开始前预先制订的年度计划分配率分配各月制造费用的方法。各月实际发生的制造费用与按年度计划分配率分配的制造费用差异，平时各月不进行调整，到年末才进行调整。此方法适用于季节性生产的企业。有关计算公式如下

$$\text{制造费用年计划分配率}=\frac{\text{该车间全年制造费用预算数}}{\text{年度该车间各种产品计划产量的定额工时}}$$

某月某种产品应分摊的制造费用=年计划分配率×当月该产品实际产量的定额工时

若本案例中制造费用全年预算总额为 520 800 元，圆珠笔笔芯和碳素笔笔芯的全年计划产量分别是 168 000 盒和 240 000 盒，单位产品（每盒）的工时定额为圆珠笔笔芯 0.14 小时、碳素笔笔芯 0.2 小时。本月圆珠笔笔芯和碳素笔笔芯的实际产量分别为 13 800 盒和 20 110 盒。

计算过程如下：

年度该车间各种产品计划产量的定额工时=168 000×0.14+240 000×0.2=71 520（小时）

$$\text{制造费用年计划分配率}=520\,800/71\,520\approx 7.282$$

本月圆珠笔笔芯应分摊的制造费用=7.282×13 800×0.14 ≈ 14 068.8（元）

本月碳素笔笔芯应分摊的制造费用=7.282×20 110×0.2≈29 288.2（元）

编制会计分录如下：

借：生产成本——基本生产成本——圆珠笔笔芯　　14 068.8

　　　　　　　　　　　　　　——碳素笔笔芯　　29 288.2

　贷：制造费用　　43 357

知识窗

使用年度计划分配率分配法在月末分配完制造费用后，可能会出现借方或贷方余额。

假设 1～11 月圆珠笔笔芯和碳素笔笔芯已经分摊的制造费用分别为 154 000 元、319 000 元。则制造费用实际发生的费用额为 540 000 元，分摊转出的费用额为 516 357 元（154 000+319 000+14 068.8+29 288.2），差额为 23 643 元（540 000−516 357），按圆珠笔笔芯和碳素笔笔芯已分配的金额标准[168 068.8 元（14 068.8+154 000）和 348 288.2 元（29 288.2+319 000）] 进行分配。

圆珠笔笔芯应分摊的制造费用=23 643/（168 068.8+348 288.2）×168 068.8≈7 695.5（元）

碳素笔笔芯应分摊的制造费用=23 643−7 695.5=15 947.5（元）

编制会计分录如下：

借：生产成本——基本生产成本——圆珠笔笔芯　　7 695.5

　　　　　　　　　　　　　　——碳素笔笔芯　　15 947.5

　贷：制造费用　　23 643

制造费用 T 形账户如下：

制造费用

借方		贷方	
	……	……	
	……	154 000	圆珠笔笔芯 1～11 月分配额
	……	319 000	碳素笔笔芯 1～11 月分配额
	……	14 068.8	圆珠笔笔芯 12 月分配额
	……	29 288.2	碳素笔笔芯 12 月分配额
本年实际发生额	540 000	516 357	本年分配额
余额	23 643	7 695.5	圆珠笔笔芯二次分配额
		15 947.5	碳素笔笔芯二次分配额
		0	

巩固与拓展

一、单项选择题

1. 除了按年度计划分配率分配法分配制造费用以外，“制造费用”账户月末（　　）。

　A．没有余额　　B．一定有借方余额

　C．一定有贷方余额　　D．有借方或贷方余额

2．按年度计划分配率分配制造费用的方法适用于（　　）。
A．制造费用数额较大的企业　　B．季节性生产的企业
C．基本生产车间规模较小的企业　　D．制造费用数额较小的企业
3．用来核算企业为生产产品和提供劳务而发生的各项间接费用的是（　　）账户。
A．“基本生产成本”　　B．“制造费用”
C．“管理费用”　　D．“财务费用”
4．制造费用应分配记入（　　）账户。
A．“基本生产成本”和“辅助生产成本”
B．“基本生产成本”和“期间费用”
C．“生产成本”和“管理费用”
D．“财务费用”和“营业费用”
5．如果企业只生产一种产品，那么发生的费用（　　）。
A．都要进行分配后计入　　B．全部间接计入
C．全部直接计入　　D．部分直接计入，部分间接计入

二、多项选择题

1．“制造费用”账户核算的内容包括（　　）。
A．车间的固定资产折旧费　　B．车间的固定资产修理费
C．企业的业务招待费　　D．印花税
2．对制造费用进行分配，可采用（　　）。
A．生产工时比例法　　B．约当产量法
C．计划分配率法　　D．机器工时比例法
3．在计算制造费用的年度计划分配率时，其分配标准可以是（　　）。
A．定额工时　　B．产品产量
C．定额人工费用　　D．定额机器台时
4．制造费用的分配方法有（　　）。
A．生产工人工时比例分配法　　B．机器工时比例分配法
C．直接分配法　　D．生产工人工资比例分配法
5．下列各项属于制造费用所属项目的有（　　）。
A．生产车间的保险费　　B．厂部办公楼折旧
C．在产品正常短缺　　D．车间负担的低值易耗品摊销

三、判断题

1．制造费用是为组织和管理生产而发生的各种直接费用。（　　）
2．辅助生产车间发生的制造费用可以不通过“制造费用”账户核算。（　　）
3．生产工人的工资费用如果按生产工时比例分配计入各种产品成本，那么制造费用按生产工人工资比例法进行分配的结果与按生产工时比例法进行分配的结果应一致。（　　）
4．“制造费用”账户月末肯定没有余额。（　　）

5．若生产车间只生产一种产品，则该车间发生的制造费用无须列入“制造费用”账户核算。（ ）

任务五 核算和处理废品损失和停工损失

任务目标

1. 熟悉生产中产生损失的核算流程。
2. 准确计算和分配废品损失和停工损失。

任务内容

了解废品损失和停工损失的核算流程，能够完成企业生产车间产生的废品损失的核算。

重点与难点

各种损失的核算流程和分配方法。

实施条件

1. 在已经完成“生产成本”明细账登记的前提下核算。
2. 有相关损失的数据记录。

任务实施

企业生产过程中发生的各种损失，称为生产损失。生产损失一般包括废品损失和停工损失两类。

步骤一 熟悉废品损失的核算流程

工作流程：检验发现废品→填写废品检验单→根据企业成本核算废品的计算方法，计算废品成本→汇集可修复废品的修复费用→编制记账凭证→登记废品损失账→进行相关责任赔付处理→计算废品净损失→编制记账凭证，将净损失转入“生产成本”账户（由产成品承担）。

废品可分为可修复废品（技术上可以修复且经济合算）和不可修复废品（技术上不可修复，或者虽能修复但经济上不合算）两种类型。

步骤二 登记“废品损失”明细分类账和“生产成本”明细分类账

在生产过程中产生废品时，应填写废品通知单。在单独核算废品损失的企业里，为了核算生产过程中的废品损失，应设置“废品损失”账户，其账户结构如下：

废品损失

可修复废品的修复费用	残料、残值回收
不可修复废品的生产费用	赔偿款
净损失	转入“生产成本”账户
	0

对于生产过程中发生的可修复废品的修复费用，应根据各有关费用分配表，分别记入所设置的“废品损失”明细分类账中。对于不可修复废品的成本，由于其成本在报废之前是与合格品的成本在一起的，需要采用一定的方法，将某种产品的成本在合格品和废品之间进行分配，从而计算出不可修复废品的报废损失。各账户之间数字的结转如图 2-35 所示。

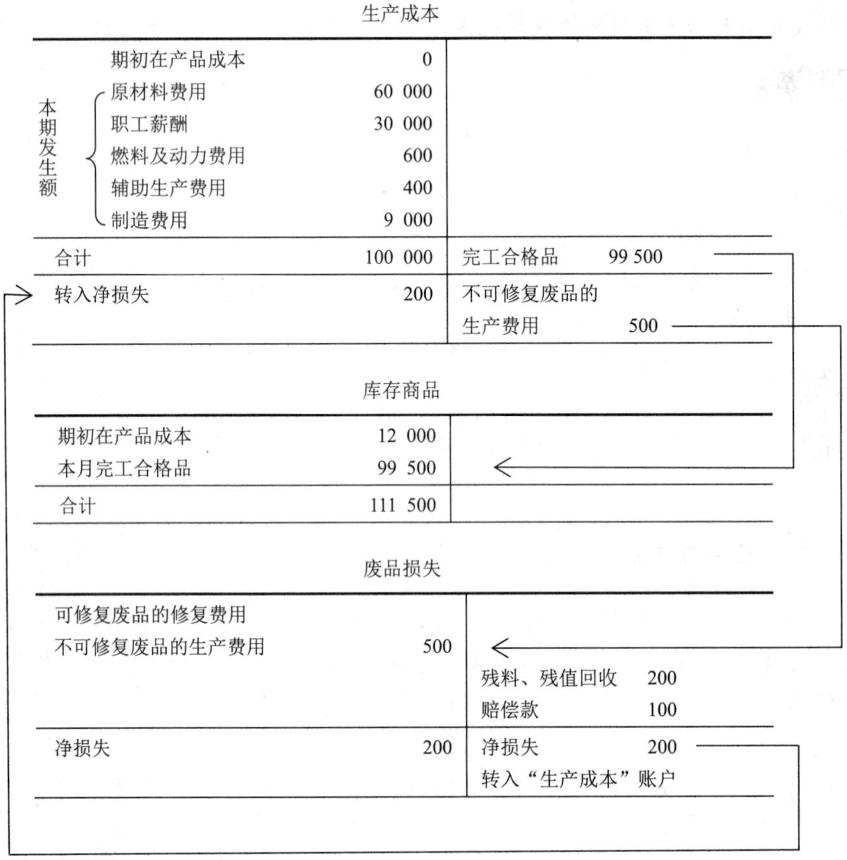

生产成本

期初在产品成本	0		
本期发生额：原材料费用	60 000		
本期发生额：职工薪酬	30 000		
本期发生额：燃料及动力费用	600		
本期发生额：辅助生产费用	400		
本期发生额：制造费用	9 000		
合计	100 000	完工合格品	99 500
转入净损失	200	不可修复废品的生产费用	500

库存商品

期初在产品成本	12 000	
本月完工合格品	99 500	
合计	111 500	

废品损失

可修复废品的修复费用			
不可修复废品的生产费用	500		
		残料、残值回收	200
		赔偿款	100
净损失	200	净损失 转入“生产成本”账户	200

图 2-35　各账户之间数字的结转

根据图 2-35 编制会计分录如下：

① 将不可修复废品的生产费用 500 元转入“废品损失”账户：

借：废品损失　　500

　　贷：生产成本——基本生产成本——××产品　　500

② 残料、残值回收 200 元：

借：原材料（库存现金）　　200

　　贷：废品损失　　200

③ 应收某职工赔偿款 100 元：

借：其他应收款——某职工　　100

　　贷：废品损失　　100

④ 将净损失 200 元转入“生产成本”账户：

借：生产成本——基本生产成本——××产品　　200

　　贷：废品损失　　200

不可修复废品成本的计算方法主要有两种：按废品所耗实际费用计算；按定额成本计算。

按废品所耗实际费用计算废品成本是指按成本项目将实际发生的生产费用在合格品和废品之间进行分配。当原材料在开始生产就一次投入时，材料费用按合格品与废品的数量比例分配；如果不是在开始生产就一次投入，而是随着生产进度陆续投入，则可采用适当的方法将废品折合成合格品的数量进行分配。其余各成本项目可按合格品和废品的工时比例分配。

按定额成本计算通常适用于各项消耗定额资料和定额费用比较健全的企业，可以按废品所耗定额费用计算不可修复废品的生产成本，即不考虑废品实际发生的生产费用，而直接根据废品数量和各项费用定额计算废品成本。此方法可以简化成本核算工作。

停工损失是企业生产车间或班组在停工期间所发生的各项费用，包括停工期间需要支付的生产工人工资及应负担的制造费用等。为简化核算，停工不满一个工作日的，一般不计算停工损失。对于季节性生产或大修理停工而发生的停工期间的费用，应列入制造费用，可采用预提、待摊的方法，由开工期内生产的产品成本负担，不单独核算其停工损失。

巩固与拓展

一、单项选择题

1．下列各项不属于废品损失的是（　　）。

A．可以降价出售的不合格产品的降价损失

B．可修复废品的修复费用

C．不可修复废品的生产成本扣除回收残料价值以后的损失

D．生产过程中发现的和入库后发现的不可修复废品的生产成本

2．生产过程中发现的或入库后发现的各种产品的废品损失，应包括（　　）。

A．不可修复废品的报废损失　　B．废品过失人员赔偿款

C．实行“三包”损失　　D．管理不善损坏变质损失

3．下列关于停工损失的说法中，不正确的是（　　）。

A．停工损失中的原材料费、水电费、人工费等，一般可根据有关原始凭证确认后直接计入停工损失

B．停工不满一个工作日的，一般不计算停工损失
C．自然灾害等引起的非生产停工损失，应计入营业外支出
D．应取得赔偿的停工损失，应计入管理费用

4．不可修复废品是指（　　）。
A．技术上不可修复的废品
B．修复费用过大的废品
C．虽然技术上可修复，但所花费的修复费用在经济上不合算的废品
D．包括 A 和 C

二、多项选择题

1．“废品损失”账户借方登记的内容是（　　）。
A．不可修复废品的实际成本　　B．不可修复废品回收的残料价值
C．可修复废品的修复费用　　D．可修复废品返修前的实际成本

2．结转废品净损失应编制的会计分录是（　　）。
A．借记“制造费用”账户　　B．借记“基本生产成本”账户
C．贷记“废品损失”账户　　D．贷记“基本生产成本”账户

3．可修复废品应具备的条件是（　　）。
A．只要能修复就行　　B．在技术上可以修复
C．在经济上合算　　D．不必考虑修复费用

4．下列各项不应作为废品损失处理的有（　　）。
A．不需返修而降价出售的不合格品
B．产成品入库后，由于保管不善等原因而损坏变质的损失
C．出售后发现的废品，由于退回废品而支付的运杂费
D．实行“三包”（包退、包修、包换）的企业，在产品出售后发现的废品所发生的一切损失

三、判断题

1．产品销售出去以后发现的废品，属于“三包”损失，作为废品损失处理。（　　）

2．废品损失通知单是进行废品损失核算的原始凭证。（　　）

3．“废品损失”账户借方登记的是保险公司、责任人赔偿的损失和结转的废品净损失。（　　）

4．如果不可修复废品报废后有一定残值，在残值入库时可按计划成本入账。（　　）

5．对于季节性、修理期间的停工损失，应列入营业外支出。（　　）

任务六　归集和分配生产费用

任务目标

1．熟悉生产费用分配的核算流程。

2. 针对不同企业的生产方式选择对应的生产费用的分配方法。
3. 熟练掌握生产费用的7种分配方法。

任务内容

了解生产费用的核算流程，能够完成企业生产车间生产成本的分配和核算。

重点与难点

生产费用的7种分配方法特别是约当产量分配法的计算和选择。

实施条件

1. 在已经完成“生产成本”明细分类账登记的前提下实施。
2. 本月有完工产品产出。

任务实施

步骤一　熟悉生产费用本期发生额的核算流程

工作流程：检查制造费用、辅助生产成本是否结转完毕→检查工资分配、原材料领用、产成品发放凭证是否已编制→车间成本核算员根据当月车间生产的产品品种数量、各产品耗用的工时及成本岗提供的生产成本汇总表，将车间当月生产成本在完工产品、在产品之间进行分配→编制产品成本计算单→编制相关记账凭证→登记相关账簿。

在本项目任务一～任务五中，我们完成了原材料费用、工资费用、辅助生产费用和制造费用的归集，把共同发生的费用和间接发生的费用进行了分配，已经归集到各自产品的成本计算单中，如图2-36和图2-37所示。接下来的任务就是把表中的生产费用合计在本月完工产品和月末在产品之间进行分配。

基本生产成本　明细分类账

科目：生产成本

子目：碳素笔笔芯　　　　完工产品数量：20 110盒，在产品数量210盒

2018年		凭证		摘要	借方发生额合计									成本项目																								
														直接材料									直接人工								制造费用							
月	日	字	号		百	十	万	千	百	十	元	角	分	百	十	万	千	百	十	元	角	分	十	万	千	百	十	元	角	分	十	万	千	百	十	元	角	分
12	1			月初在产品成本			2	9	6	0	0	0	0			1	6	0	0	0	0	0			4	4	0	0	0	0			9	2	0	0	0	0
12	31	转	2	本月材料费用		4	9	9	8	0	0	0	0		4	9	9	8	0	0	0	0																
12	31	转	3	本月工资费用			1	6	0	0	0	0	0											1	6	0	0	0	0	0								
12	31	转	9	本月制造费用			2	8	9	3	3	3	3																			2	8	9	3	3	3	3
12	31			生产费用合计		5	7	4	3	3	3	3	3		5	1	5	8	0	0	0	0		2	0	4	0	0	0	0		3	8	1	3	3	3	3
				本月完工产品成本																																		
				月末在产品成本																																		

图2-36　“基本生产成本”明细分类账（碳素笔笔芯）

基本生产成本 明细分类账

科目：生产成本

子目：圆珠笔笔芯 完工产品数量：13 800 盒，在产品数量 760 盒

2018 年		凭证		摘要	借方发生额合计									成本项目																								
														直接材料									直接人工								制造费用							
月	日	字	号		百	十	万	千	百	十	元	角	分	百	十	万	千	百	十	元	角	分	十	万	千	百	十	元	角	分	十	万	千	百	十	元	角	分
12	1			月初在产品成本			2	8	0	3	0	0	0			1	1	2	0	0	0	0			5	4	7	0	0	0		1	1	3	6	0	0	0
12	31	转	1	本月材料费用		1	4	0	2	0	0	0	0		1	4	0	2	0	0	0	0																
12	31	转	3	本月工资费用				8	0	0	0	0	0												8	0	0	0	0	0								
12	31	转	9	本月制造费用			1	4	4	6	6	6	7																			1	4	4	6	6	6	7
12	31			生产费用合计		1	9	0	6	9	6	6	7		1	5	1	4	0	0	0	0		1	3	4	7	0	0	0		2	5	8	2	6	6	7
				本月完工产品成本																																		
				月末在产品成本																																		

图 2-37 “基本生产成本”明细分类账（圆珠笔笔芯）

步骤二 掌握生产费用分配的方法

生产费用的分配方法分为两大类 7 种具体的方法，其计算方法和特点如表 2-22 所示。

表 2-22 生产费用分配方法总结一览表

项目	大类	具体方法	具体操作	特点
生产费用分配方法	先确定月末在产品成本，再确定完工产品成本	不计算在产品成本法	无须分配，本月发生的生产费用=本月完工产品成本	月末没有在产品或数量很少，价值很低；在产品成本直接计入完工产品成本中
		在产品按年初固定成本计价法		月末在产品数量少或数量多，变化不大，很稳定。月末和月初在产品成本都是一个固定数
		在产品按所耗原材料费用计价法	只计算材料费用，在产品成本中只含材料费用，加工费用由完工产品承担	原材料费用在产品成本中所占的比重较大，为简化核算，只计算材料成本
		在产品按定额成本计价法	在产品按各项消耗定额计算成本，完工产品成本倒挤出来	各项消耗定额比较准确、稳定，在产品数量变化不大；实际脱离定额的差异由完工产品承担
	月末在产品成本和完工产品成本按比例进行分配	在产品按完工产品成本计算法	分别计算料、工和费的分配率，再分别乘以完工产品和在产品的数量	在产品接近完工或已加工完毕等待验收或包装入库，视同完工产品。每一个在产品所耗用的料、工和费与一个完工产品所耗用的量相同
		定额比例法	先计算完工产品和在产品的各项定额耗用量（定额费用），将其作为分配标准进行分配	定额基础管理较好，各项消耗定额比较健全、稳定，在产品数量变动较大；按完工和在产品的定额耗用量的比例分配
		约当产量法	先计算月末在产品的约当产量，根据约当产量和完工产品的数量分配	在产品数量大，变化大，料、工、费在成本中比重相差不多，按完工产品数量和在产品的约当产量进行分配

（一）不计算在产品成本法

在产品是指没有完成全部生产过程，不能作为商品销售的产品。采用不计算在产品成本法时，月末如果没有在产品，月初也没有在产品，在产品成本为零，则本月完工产

品的成本就是本月发生的生产费用。即

月初在产品成本（0）+本月发生的生产费用=本月完工产品成本+月末在产品成本（0）

如果月末有在产品，通常情况下月末在产品的数量很少，价值很低，并且各月在产品数量比较稳定，为简化成本核算工作，根据重要性原则，可以不计算月末在产品成本。这种产品每月发生的成本，全部由完工产品负担，其每月发生的成本之和即为每月完工产品成本。即

月初在产品成本（固定数）+本月发生的生产费用=本月完工产品成本+月末在产品成本（固定数）

（二）在产品按年初固定成本计价法

采用在产品按年初固定成本计价法，各月末在产品的成本固定不变。该方法主要适用于各月月末在产品结存数量较少，或者虽然在产品结存数量较多，但各月月末在产品数量稳定、起伏不大的产品。某种产品本月发生的生产成本就是本月完工产品成本。但在年末，按固定金额计价的在产品成本与其实际成本有较大差异，所以，应当根据实际盘点的在产品数量，具体计算在产品成本，据以计算 12 月的产品成本。即 1～11 月完工产品成本计算如下

本月完工产品成本=月初在产品成本（年初固定数）+本月发生的生产费用-月末在产品成本（年初固定数）

12 月完工产品计算如下

本月完工产品成本=月初在产品成本（年初固定数）+本月发生的生产费用-月末在产品成本（实际盘点数）

（三）在产品按所耗原材料费用计价法

采用在产品按所耗原材料费用计价法，月末在产品只计算其所耗直接材料成本，不计算直接人工等加工成本，即产品的直接材料成本（月初在产品的直接材料成本与本月发生的直接材料成本之和）需要在完工产品和月末在产品之间进行分配，而本月发生的加工成本全部由完工产品成本负担。

【例 2-2】某工业企业甲产品的原材料在生产开始时一次投入，产品成本中的原材料费用所占比重很大，月末在产品按其所耗原材料费用计价。其 2017 年 12 月初在产品费用为 8 000 元；该月生产费用为直接材料 16 000 元，直接人工 1 500 元，制造费用 500 元；该月完工产品 500 件，月末在产品 300 件。试计算本月完工产品成本和月末在产品成本。

计算过程如下：

$$\text{原材料费用分配率} = \frac{8\,000 + 16\,000}{500 + 300} = 30$$

月末在产品成本即月末在产品应承担的材料费用=300×30=9 000（元）

完工产品应承担的材料费用=8 000+16 000−9 000=15 000（元）

完工产品成本=15 000+1 500+500=17 000（元）

产品成本计算单如表2-23所示。

表2-23 产品成本计算单

品名：甲产品　　产量：500件　　在产品：300件　　金额单位：元

摘要	直接材料	直接人工	制造费用	合计
月初在产品成本	8 000			8 000
本月发生的生产费用	16 000	1 500	500	18 000
合计	24 000	1 500	500	26 000
分配率	30			
本月完工产品成本	15 000	1 500	500	17 000
月末在产品成本	9 000	0	0	9 000

（四）在产品按定额成本计价法

采用在产品按定额成本计价法，月末产品成本按定额成本计算，该种产品的全部成本（如果有月初在产品，则包括月初在产品成本在内）减去按定额成本计算的月末在产品成本，余额作为完工产品成本；每月生产成本脱离定额的节约差异或超支差异全部计入当月完工产品成本。则

月末在产品成本=月末在产品数量×在产品单位定额成本

完工产品总成本=（月初在产品成本+本月发生生产成本）−月末在产品成本

【例2-3】某企业生产甲产品，原材料于生产开始时一次投入，月初在产品和本月生产费用合计为：原材料48 000元，工资8 080元，制造费用5 420元。完工产品和月末在产品的数量分别为100件和20件，月末在产品的单件材料费用定额成本为150元，定额工时为6小时，小时工资率为9，小时制造费用率为6。试计算完工产品成本和月末在产品成本。

计算过程如下：

月末在产品的材料费用=150×20=3 000（元）

月末在产品的工资费用=20×6×9=1 080（元）

月末在产品的制造费用=20×6×6=720（元）

月末在产品成本=3 000+1 080+720=4 800（元）

完工产品的材料费用=48 000−3 000=45 000（元）

完工产品的工资费用=8 080−1 080=7 000（元）

完工产品的制造费用=5 420−720=4 700（元）

完工产品成本=45 000+7 000+4 700=56 700（元）

产品成本计算单如表 2-24 所示。

表 2-24 产品成本计算单

品名：甲产品　　产量：100 件　　在产品：20 件　　金额单位：元

摘要	直接材料	直接人工	制造费用	合计
生产费用合计	48 000	8 080	5 420	61 500
单位消耗定额（工时）	150	6	6	
小时费用率		9	6	
月末在产品定额成本	3 000	1 080	720	4 800
本月完工产品成本	45 000	7 000	4 700	56 700

（五）定额比例法

定额比例法是按照完工产品和月末在产品的定额消耗量或定额费用的比例，分配计算完工产品成本和月末在产品成本的方法。其中，原材料费用按照原材料定额消耗量或原材料定额费用比例分配；工资和制造费用等各项加工费，可以按定额工时比例分配，也可以按定额费用比例分配。产品实际成本脱离定额成本的差异，是由完工产品和月末在产品共同分摊的。

相关计算公式如下：

$$原材料费用分配率=\frac{月初在产品材料费用+本月实际发生的材料费用}{完工产品定额消耗量（费用）+月末在产品定额消耗量（费用）}$$

完工产品实际材料费用=完工产品定额消耗量（费用）×原材料费用分配率

月末在产品实际材料费用=月末在产品定额消耗量（费用）×原材料费用分配率

$$加工费用分配率=\frac{月初在产品的工资（制造费用）+本月发生的工资（制造费用）}{完工产品定额工时+月末在产品定额工时}$$

完工产品实际工资（制造费用）=完工产品定额工时×工资（制造费用）分配率

月末在产品实际工资（制造费用）=月末在产品定额工时×工资（制造费用）分配率

【例 2-4】某企业生产甲产品，本月完工 2 000 件，完工产品的材料费用定额为 5 元，工时定额为 2 小时；月末在产品 500 件，在产品的材料费用定额为 4 元，工时定额为 1 小时。月初及本月发生的生产费用如表 2-25 所示。试采用定额比例法分配生产费用。

表 2-25 月初及本月发生的生产费用

单位：元

摘要	直接材料	直接人工	制造费用	合计
月初在产品成本	4 000	3 000	500	7 500
本月发生的生产费用	20 000	6 000	4 000	30 000
合计	24 000	9 000	4 500	37 500

计算过程如下：

$$原材料费用分配率=\frac{24\,000}{2\,000\times 5+500\times 4}=2$$

完工产品的原材料费用=2 000×5×2=20 000（元）

月末在产品的原材料费用= 500×4×2=4 000（元）

$$工资费用分配率=\frac{9\,000}{2\,000\times 2+500\times 1}=2$$

完工产品的工资费用=2 000×2×2=8 000（元）

月末在产品的工资费用=500×1×2=1 000（元）

$$制造费用分配率=\frac{4\,500}{2\,000\times 2+500\times 1}=1$$

完工产品的制造费用=2 000×2×1=4 000（元）

月末在产品的制造费用=500×1×1=500（元）

完工产品成本=20 000+8 000+4 000=32 000（元）

月末在产品成本=4 000+1 000+500=5 500（元）

产品成本计算单如表 2-26 所示。

表 2-26 产品成本计算单

品名：甲产品　　产量：2000 件　　在产品：500 件　　金额单位：元

摘要	直接材料	直接人工	制造费用	合计
月初在产品成本	4 000	3 000	500	7 500
本月发生的生产费用	20 000	6 000	4 000	30 000
合计	24 000	9 000	4 500	37 500
完工产品定额费用（工时）	10 000	4 000	4 000	
月末在产品定额费用（工时）	2 000	500	500	
费用分配率	2	2	1	
本月完工产品成本	20 000	8 000	4 000	32 000
月末在产品成本	4 000	1 000	500	5 500

（六）约当产量法

约当产量法是指将月末在产品数量按照完工程度折算为相当于完工产品的产量（即约当产量），然后按照完工产品产量与在产品约当产量的比例分配计算完工产品费用和月末在产品费用的方法。

在分配材料费用时，在产品的约当产量=在产品的数量×投料程度（投料率）；分配加工费用时，在产品的约当产量=在产品的数量×完工程度。则

$$料、工、费分配率=\frac{月初在产品的成本+本月发生的生产费用}{完工产品的数量+月末在产品的约当产量}$$

完工产品的各项费用=完工产品的数量×费用分配率

月末在产品的各项费用=月末在产品的约当产量×费用分配率

【例 2-5】某企业生产 A 产品，本月完工产品产量为 400 件，月末在产品 80 件，加工程度为 50%。本月生产费用资料如表 2-27 所示。试采用约当产量法分配本月生产费用。

表 2-27 生产费用资料表

单位：元

摘要	直接材料	直接人工	制造费用	合计
月初在产品成本	1 080	142	139	1 361
本月发生的生产费用	8 520	2 058	3 381	13 959
合计	9 600	2 200	3 520	15 320

1）A 产品所耗原材料于生产开始时一次投入。

A 产品所耗原材料于生产开始时投入全部材料的 80%，当产品加工到 60%时，再投入其余的 20%。计算过程如下：

当 A 产品所耗原材料于生产开始时一次投入，则

$$原材料费用分配率=\frac{9\ 600}{400+80}=20$$

完工产品的原材料费用=400×20=8 000（元）

月末在产品的原材料费用=80×20=1 600（元）

$$工资费用分配率=\frac{2\ 200}{400+80\times 50\%}=5$$

完工产品的工资费用=400×5=2 000（元）

月末在产品的工资费用=80×50%×5=200（元）

$$制造费用分配率=\frac{3\ 520}{400+80\times 50\%}=8$$

完工产品的制造费用=400×8=3 200（元）

月末在产品的制造费用=80×50%×8=320（元）

完工产品成本=8 000+2 000+3 200=13 200（元）

月末在产品成本=1 600+200+320=2 120（元）

产品成本计算单如表 2-28 所示。

表 2-28 产品成本计算单

品名：A 产品　　产量：400 件　　在产品：80 件　　金额单位：元

摘要	直接材料	直接人工	制造费用	合计
月初在产品成本	1 080	142	139	1 361
本月发生的生产费用	8 520	2 058	3 381	13 959
合计	9 600	2 200	3 520	15 320
完工产品产量	400	400	400	
月末在产品约当产量	80	40	40	

续表

摘要	直接材料	直接人工	制造费用	合计
费用分配率	20	5	8	
本月完工产品成本	8 000	2 000	3 200	13 200
月末在产品成本	1 600	200	320	2 120

2）A 产品所耗原材料于生产开始时投入全部材料的 80%，当产品加工到 60%时，再投入其余的 20%。此时：

$$原材料费用分配率=\frac{9\ 600}{400+80\times 80\%}\approx 20.69$$

完工产品的原材料费用=400×20.69=8 276（元）

月末在产品的原材料费用=9 600−8 276=1 324（元）

$$工资费用分配率=\frac{2\ 200}{400+80\times 50\%}=5$$

完工产品的工资费用=400×5=2 000（元）

月末在产品的工资费用=80×50%×5=200（元）

$$制造费用分配率=\frac{3\ 520}{400+80\times 50\%}=8$$

完工产品的制造费用=400×8=3 200（元）

月末在产品的制造费用=80×50%×8=320（元）

完工产品成本=8 276+2 000+3 200=13 476（元）

月末在产品成本=1 324+200+320=1 844（元）

产品成本计算单如表 2-29 所示。

表 2-29　产品成本计算单

品名：A 产品　　产量：400 件　　在产品：80 件　　金额单位：元

摘要	直接材料	直接人工	制造费用	合计
月初在产品成本	1 080	142	139	1 361
本月发生的生产费用	8 520	2 058	3 381	13 959
合计	9 600	2 200	3 520	15 320
完工产品产量	400	400	400	
月末在产品约当产量	64	40	40	
费用分配率	20.69	5	8	
本月完工产品成本	8 276	2 000	3 200	13 476
月末在产品成本	1 324	200	320	1 844

在实际工作中，投料率和完工程度这两个百分比需要成本核算员自己计算。下面介绍投料率和完工程度的计算方法。

1．投料率的计算及材料费用约当产量的确定

1）原材料于生产开始时一次投料，月末在产品投料程度为 100%，则

月末在产品约当产量=月末在产品数量

2）原材料随加工进度陆续投料，于每道工序一开始时投入，则

$$投料率=\frac{前面几道工序的累计材料消耗定额+本道工序的材料消耗定额}{单位产品的定额消耗总量}$$

月末在产品约当产量=月末在产品数量×投料率

3）原材料随加工进度陆续投料，于每道工序开始后投入，则

投料率＝[前面几道工序的累计材料消耗定额+本道工序的材料消耗定额×50%（假定按平均投料程度50%算）]/单位产品的定额消耗总量

月末在产品约当产量=月末在产品数量×投料率

想一想

加工工时能否像原材料那样分不同情况投入呢？

2．完工率的计算及加工费用约当产量的确定

相关计算公式如下

$$完工率=\frac{前面几道工序的累计工时定额+本道工序的工时定额\times 50\%}{单位产品的定额工时总量}$$

月末在产品约当产量=月末在产品数量×完工率

【例 2-6】 某产品经过 3 道工序加工完成，原材料采用随加工进度陆续投入的方式，月末在产品数量及原材料消耗定额表如表 2-30 所示。试计算各工序在产品的投料率及月末在产品直接材料成本项目的约当产量。

表 2-30　在产品数量及原材料消耗定额表

工序	月末在产品/件	单位产品原材料消耗定额/千克
1	100	70
2	120	80
3	140	100
合计	360	250

投料方式一：原材料于每个工序一开始时投入，在产品约当产量的计算如表 2-31 所示。

表 2-31　在产品约当产量计算表

工序	月末在产品/件	原材料消耗定额/千克	投料率	在产品约当产量/件
1	100	70	70/250×100%=28%	100×28%=28
2	120	80	（70+80）/250×100%=60%	120×60%=72
3	140	100	（70+80+100）/250×100%=100%	140×100%=140
合计	360	250		240

投料方式二：原材料于每个工序开始以后逐步投入，在产品约当产量计算表如表 2-32 所示。

表 2-32　在产品约当产量计算表

工序	月末在产品/件	原材料消耗定额/千克	投料率	在产品约当产量/件
1	100	70	70×50%/250×100%=14%	100×14%=14
2	120	80	（70+80×50%）/250×100%=44%	120×44%=52.8
3	140	100	（70+80+100×50%）/250×100%=80%	140×80%=112
合计	360	250		178.8

（七）在产品按完工产品成本计算法

在产品按完工产品成本计算法是将在产品视同已经完工的产品，按照月末在产品数量与本月完工产品数量的比例来分配生产费用，以确定月末在产品成本和本月完工产品成本的方法。此方法也是本案例企业威兴公司所采用的方法。

试按照此方法完成图 2-36 和图 2-37 中本月完工产品成本和月末在产品成本的计算。

步骤三　编制记账凭证

编制的记账凭证如图 2-38 所示。

转 账 凭 证

2018 年 12 月 31 日　　　　转字 10 号

摘要	借方		贷方		√	金额										
	科目	明细科目	科目	明细科目		亿	千	百	十	万	千	百	十	元	角	分
产品完工	库存商品	圆珠笔笔芯	生产成本	圆珠笔笔芯	√				1	8	0	7	4	2	7	0
		碳素笔笔芯		碳素笔笔芯	√				5	6	8	3	9	7	8	0
合　计								¥	7	4	9	1	4	0	5	0

附件 2 张

会计主管：王佳佳　　记账：王佳佳　　出纳：　　审核：王佳佳　　制单：王伟

图 2-38　转账凭证

步骤四　登记“基本生产成本”明细分类账

“基本生产成本”明细分类账如图 2-39 和图 2-40 所示。试完成完工产品成本汇总表（表 2-33）的编制。

基本生产成本　明细分类账

科目：生产成本

子目：碳素笔笔芯　　　　完工产品数量：20 110 盒，在产品数量 210 盒

2018年 月	日	凭证 字	号	摘要	借方发生额合计（百十万千百十元角分）	成本项目 直接材料（百十万千百十元角分）	直接人工（十万千百十元角分）	制造费用（十万千百十元角分）
12	1			月初在产品成本	2960000 0	1600000	440000	920000
12	31	转	2	本月材料费用	49980000	49980000		
12	31	转	3	本月工资费用	1600000		1600000	
12	31	转	9	本月制造费用	2893333			2893333
12	31			生产费用合计	57433333	51580000	2040000	3813333
12	31	转	10	本月完工产品成本	56839780	51046939	2018917	3773924
				月末在产品成本	593553	533061	21083	39409

图 2-39　“基本生产成本”明细分类账（碳素笔笔芯）完工产品与在产品成本分配

基本生产成本　明细分类账

科目：生产成本

子目：圆珠笔笔芯　　　　完工产品数量：13 800 盒，在产品数量 760 盒

2018年 月	日	凭证 字	号	摘要	借方发生额合计（百十万千百十元角分）	成本项目 直接材料（百十万千百十元角分）	直接人工（十万千百十元角分）	制造费用（十万千百十元角分）
12	1			月初在产品成本	2803000	1120000	547000	1136000
12	31	转	1	本月材料费用	14020000	14020000		
12	31	转	3	本月工资费用	800000		800000	
12	31	转	9	本月制造费用	1446667			1446667
12	31			生产费用合计	19069667	15140000	1347000	2582667
12	31	转	10	本月完工产品成本	18074270	14349723	1276690	2447857
				月末在产品成本	995397	790277	70310	134810

图 2-40　“基本生产成本”明细分类账（圆珠笔笔芯）完工产品与在产品成本分配

表 2-33　完工产品成本汇总表

2018 年 12 月　　　　单位：元

成本项目	圆珠笔（13 800 盒）			碳素笔（20 110 盒）			总成本
	总成本	单位成本	单支成本	总成本	单位成本	单支成本	合计
直接材料							
直接人工							
制造费用							
合计							

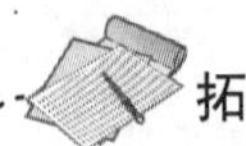

拓展案例

制造业生产成本控制实战经验

成本控制的对象是人，成本控制的重点也是人，而不是某个成本项目或费用项目。因为企业中的每件工作都是人在做，成本是在人的手上产生的。员工的心态、技能、行为决定了这件工作他是怎么做的，从而也决定了成本是以哪种形式发生的，会发生多少成本。

假设一名员工月薪是 2 000 元，他知道在他的工作事项中，有一种很好的操作方法可以让公司节约 10 万元。但是他使用了这种方法，每个月从公司拿到的薪水还是 2 000 元；而他不使用这种方法，每个月也能拿到 2 000 元。你觉得他会在工作中应用这种成本降低的方法吗？不会的，他会想“多一事不如少一事”。但是，假如公司有规定，谁提出成本降低的有效方法，只要成本真的能降低，将奖励他成本降低额的 30%，你觉得他会在工作中应用这种成本降低的方法吗？他肯定会，因为这时他被激励起来了，公司的利益跟他个人的利益挂钩了。

所以说，最好的成本控制方法，就是激励员工关心公司的效益问题，把公司的利益跟他个人的利益挂钩，让他感觉花公司的钱就像花自己的钱，这时他就会重新审视自己的工作内容，自动地、自发地去想办法，改变原有的工作方式去降低成本，以获取一些利益。这时公司成本就降低了，也就控制住了。

为了达到以上的理想结果，我们通常采取的激励性方法有：①股权激励，分给员工一部分股权（多用于对公司高层的激励）。②实行承包制，让员工承包一个部门、一个子公司或是一块业务，同时引进市场竞争机制，他提供的价格低就买他的服务或产品，市场上的价格低就从市场上买服务或产品（多用于对公司中层的激励）。③如果公司负责人为了避免分散控制权和分散利润，既不想分股权给员工，也不想实行承包制，还可以使用第三种方法：谁提出成本降低的方法，将奖励他成本降低额的 30%，第一年奖励 30%，第二年奖励 20%，第三年奖励 10%，依次递减（也可以按 5%的速度逐年递减，也可以第一年奖励 50%，以后不再奖励）。

假设前例中使用了新的工作方法后，公司每年可以节约 10 万元成本，则提出建议的人 3 年可以拿到累计奖金 6 万元（3+2+1），比他的工资高很多，他一定会提出成本节约的建议。而公司 3 年可以累计节约 24 万元（10+10+10−6），以后的年度每年还能省 10 万元，公司也一定愿意采纳和大力推行新的工作方法。这时，成本就降低了。

但是激励方法对有些人没用。比如，能力不行、水平不高、经验不多，他不知道他的工作中有什么地方需要改进，也不知道应该怎么改进。这时就需要一些限制性措施来解决这种问题。常用的方法有以下 3 种。

1）公司通过多年的经营，积累了一些工作中比较好的操作方法；或是从外部聘请专家，专家传授了一些好方法；或是公司不断组织培训学习，引进了一些比较好的操作方法，将其写入成本管理制度，在全公司范围内推行，强迫这些人执行新的工作方法。

2）有些工作是可以定额和定标准的，可以使用定额成本和标准成本来衡量员工发生的成本是否超标。

3）建立“负责人连坐制度”。

首先，将考核指标分解落实到具体的人，每个人都有指标。

其次，给每个人指定一个成本督导主管，即组织机构中的行政上司、直接领导。如果该员工的成本超标，则两人共同扣罚，让员工的直接领导来检查、监控、督促他的员工，不让成本超标。如果成本节约工作做得好，甚至比公司要求的还好，则两人都有奖励。

最后，“负责人连坐制度”建立起来以后，如果该员工的成本指标总是完不成，则他和成本督导主管每个月都被扣钱。这时要区分3种情况处理：

① 该员工和成本督导主管的工作技能和水平有限，处理方法是加强工作方法培训。公司首先要有很好的工作操作方法，然后培训员工掌握这些先进方法，最后让他上岗。

② 公司内的工作很少有独立发生的，往往会与别的部门、别的人员发生关系。某一个岗位所做的工作，其成本高低，有时不是这个岗位的人能够决定的，其决定因素在其他岗位、其他环节那里。这时的处理方法：源头控制（从成本发生的源头进行控制）；推行全面成本控制（一是实施全员成本控制，成本的发生涉及企业内部的每一个部门、每一个员工，每一个员工都有成本控制的责任；二是实施全过程控制，每一项业务、每一个环节、每一个产品都要控制，横向到边，纵向到底）。

③ 设定的成本指标不合理。其处理方法是将成本降低过程和完成情况写成书面报告，提交专题讨论会，大家一起讨论解决问题的对策，制定新的工作方法完成这个指标，或修改指标到合理水平。

综上所述，成本控制的精髓可以简单归结为一句话：每个人都把自己手上的工作做到最好、最合理，成本就控制住了。

怎么才能把自己手上的工作做到最好、最合理呢？总之，有以下两条标准：

① Do right things：做对的事，无效的事情、浪费的事情、只有投入没有回报的事情就不要去做了。

② Do things right：用正确的工作方法去做，无效的工作方法、效率低下的工作方法就不要用了。

（资料来源：http://www.glzy8.com.）

巩固与拓展

一、单项选择题

1. 采用约当产量法计算在产品成本时，影响在产品成本准确性的关键因素是（　　）。

A．在产品的数量　　　　B．在产品的完工程度

C．完工产品的数量　　　D．废品的数量

2．在计算类内各种产品成本时，分配标准应选择与产品成本高低有直接联系的项目，通常采用的分配标准是（　　）。

A．定额成本　　B．约当产量

C．标准产量　　D．固定成本

3．在生产过程中，企业实际发生的费用与定额费用的差异是（　　）。

A．定额变动差异　　B．耗用量差异

C．费用率差异　　D．定额差异

4．如果某种产品的月末在产品数量较大，各月在产品数量变化也较大，产品成本中各项费用的比重相差不大，生产费用在完工产品与月末在产品之间分配，应采用的方法是（　　）。

A．不计算在产品成本法　　B．约当产量法

C．在产品按完工产品成本计算法　　D．定额比例法

5．某企业产品经过两道工序，各工序的工时定额分别为 30 小时和 40 小时，则第二道工序的完工率为（　　）。

A．68%　　B．69%

C．70%　　D．100%

二、多项选择题

1．采用约当产量法计算在产品成本时，需要按完工程度确定在产品约当产量进行分配的生产费用有（　　）。

A．材料费用　　B．人工费用

C．动力费用　　D．制造费用

2．需要应用费用定额来计算月末在产品成本的方法有（　　）。

A．不计算在产品成本法　　B．在产品按年初固定成本计价法

C．在产品按定额成本计算法　　D．约当产量法

3．按约当产量法计算在产品成本的适用条件是（　　）。

A．期初在产品数量较多　　B．月末在产品数量较多

C．各项在产品数量变化大　　D．各个成本项目所占比重相差不大

4．在定额成本计算在产品成本法下，本期完工产品成本中包括（　　）。

A．本期完工产品实际成本

B．期初在产品实际成本与定额成本差异

C．期初在产品成本

D．月末在产品实际成本与定额成本差异

5．在定额比例计算在产品成本法下，本期完工产品成本中包括（　　）。

A．本期完工产品定额成本

B．期初在产品实际成本与定额成本差异

C．期末在产品定额成本

D．完工产品实际成本与定额成本差异

三、判断题

1．不计算在产品成本法适用于月末没有在产品的产品。（ ）

2．采用约当产量法计算月末在产品成本，原材料费用分配时必须考虑原材料的投料方式。（ ）

3．月末在产品按定额成本计算，实际费用脱离定额的差异完全由完工产品负担。（ ）

4．采用定额比例法计算月末在产品成本必须具备较好的定额管理基础，而且产品是月初、月末在产品数量变化不大的产品。（ ）

5．品种法是各种产品成本计算方法的基础。（ ）

四、实务操作题

某工业企业生产组织属于小批生产，产品批数多，而且月末有许多批号未完工，因而采用简化的分批法计算产品成本。

1）9 月的生产批号如下：

9420#：甲产品 5 件，8 月投产，9 月 20 日全部完工。

9421#：乙产品 10 件，8 月投产，9 月完工 6 件。

9422#：丙产品 5 件，8 月末投产，尚未完工。

9423#：丁产品 6 件，9 月初投产，尚未完工。

2）各批号 9 月末累计原材料费用（原材料在生产开始时一次投入）和工时如下：

9420#：原材料费用 18 000 元，工时 9 020 小时。

9421#：原材料费用 24 000 元，工时 21 500 小时。

9422#：原材料费用 15 800 元，工时 8 300 小时。

9423#：原材料费用 11 080 元，工时 8 220 小时。

3）9 月末，该厂全部产品累计原材料费用 68 880 元，工时 47 040 小时，工资及福利费用 18 816 元，制造费用 28 224 元。

4）9 月末，完工产品工时 23 020 小时，其中乙产品 14 000 小时。

要求：

1）根据上列资料，登记“基本生产成本”二级账和各批产品成本明细分类账。

2）计算和登记累计间接费用分配率。

项目三

核算订单式生产企业产品成本

知识点

- 订单式生产企业的特点。
- 分批法产品成本的核算。

技能点

- 生产费用的归集和分配。
- 简化分批法的核算。

知识导入

本项目知识导图如图 3-1 所示。

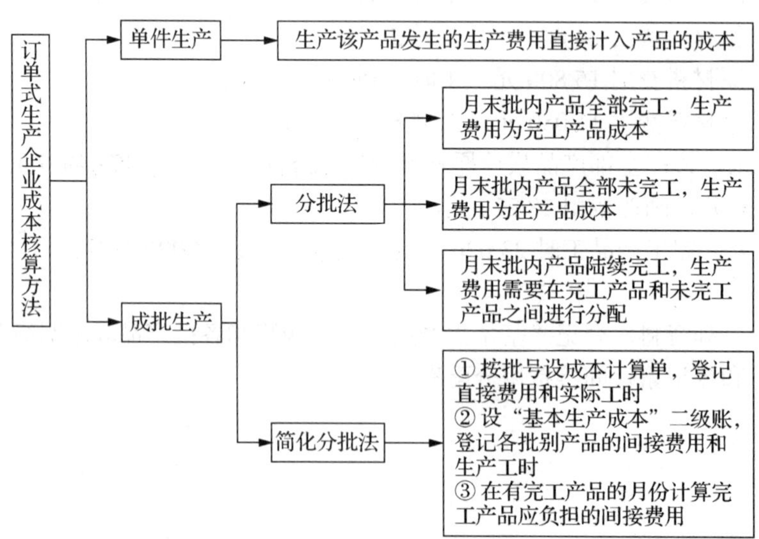

图 3-1　项目三知识导图

随着市场竞争的日趋激烈，我国的大多数企业尤其是劳动密集型的工业制造业的生产模式逐步转向订单式生产。订单式生产是指企业在接到用户订单之后才开始生产产品的生产方式。其主要特征是产品是为专门的用户生产的；产品的生产是按照用户要求的规格、数量和交货期进行的；一般是多品种、小批量生产，不设产品库存。

订单式生产方式，一方面可以提高企业对用户的服务质量，满足用户的需要，赢得大批客户；另一方面也避免了为应付用户的各种可能需求而形成的大量库存积压，实现无库存生产。在信息技术高度发达的今天，订单式生产方式可使企业直接面向市场、面向用户需求生产适销对路的产品，以增强企业的竞争能力。

案例企业情况介绍

惠利服装厂是一家按订单生产加工的服装企业，设有裁剪车间、缝制车间、熨烫整理车间和一个机修辅助生产车间。该厂产品的批别较多，月末经常有大量的未完工产品批次。2018 年 11 月，该厂各批产品的生产成本资料如下：

7101#，男式竖条单衬衣 1 200 件，10 月 20 日投产，11 月全部完工。

7111#，男式白色绒衬衣 2 700 件，10 月 17 日投产，11 月完工 2 100 件。

7132#，男式黑色风衣 1 500 件，11 月 6 日投产，尚未完工。

9111#，女士白色绒衬衣 1 400 件，11 月 9 日投产，尚未完工。

9132#，女士蓝色风衣 1 400 件，11 月 21 日投产，尚未完工。

各批号在生产中投入的原材料费用和生产工时如表 3-1 所示。

表 3-1　各批号在生产中投入的原材料费用和生产工时

产品批号	10 月原材料费用/元	11 月原材料费用/元	10 月生产工时/小时	11 月生产工时/小时
7101#	40 000	72 000	4 000	5 600
7111#	85 000	4 000	5 000	2 000
7132#		56 000		4 200
9111#		43 000		3 800
9132#		52 000		1 600

截至 11 月末，该厂全部产品的累计工时为 26 200 小时，直接人工为 157 200 元，制造费用为 41 920 元。期末完工产品工时总额为 47 160 小时，其中，7101#产品全部完工，采用实际工时确定，该批产品全部实际生产工时为 9 600 小时；7111#产品部分完工，采用工时定额计算确定已经完工产品的生产工时为 6 000 小时。

简化分批法产品成本核算的基本程序如图 3-2 所示。

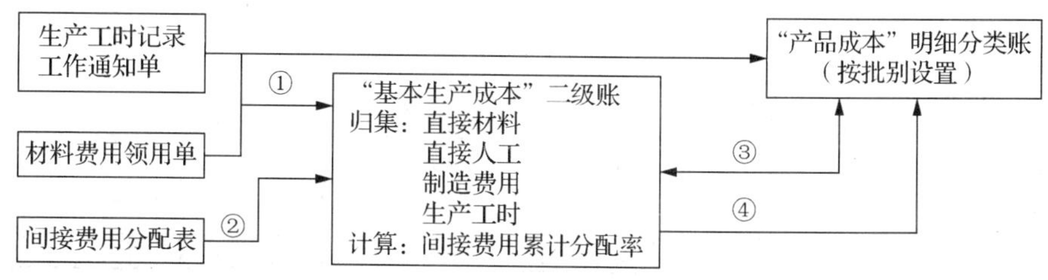

图 3-2　简化分批法产品成本核算的基本程序

任务　核算案例企业完工产品的成本

任务目标

1. 熟悉分批法的成本核算方法。
2. 熟练运用简化分批法计算完工产品成本。

任务内容

了解简化分批法产品成本核算基本程序，按步骤完成本月完工产品的成本计算。

重点与难点

1. 简化分批法的核算。
2. 间接费用分配方法的选择。

实施条件

1. 小组共同完成案例企业完工产品的成本计算。
2. 小组发放各类明细账页和记账凭证。

任务实施

步骤一　根据已知资料登记“基本生产成本”二级账和各批产品成本明细分类账

相关单据如图3-3～图3-8所示。

基本生产成本　二级账

科目：生产成本

2018年		凭证		摘要	借方金额																										合计									
					生产工时/小时										直接人工								制造费用																	
月	日	字	号		千	百	十	万	千	百	十	元	角	分	十	万	千	百	十	元	角	分	十	万	千	百	十	元	角	分	千	百	十	万	千	百	十	元	角	分
11	30			本月累计				2	6	2	0	0	0	0	1	5	7	2	0	0	0	0		4	1	9	2	0	0	0			1	9	9	1	2	0	0	0

图3-3　“基本生产成本”二级账

基本生产成本　明细分类账

批号：7101#

投产日：10月20日，全部完工　　　　完工产品数：1 200件

2018年		凭证		摘要	借方金额																										生产工时/小时									
					直接材料										直接人工								制造费用																	
月	日	字	号		千	百	十	万	千	百	十	元	角	分	十	万	千	百	十	元	角	分	十	万	千	百	十	元	角	分	千	百	十	万	千	百	十	元	角	分
10	31			本月累计				4	0	0	0	0	0	0																					4	0	0	0	0	0
11	30			本月发生				7	2	0	0	0	0	0																					5	6	0	0	0	0

图3-4　“基本生产成本”明细分类账（批号：7101#）

基本生产成本 明细分类账

批号：7111#

投产日：10 月 17 日，部分完工　　完工产品数：2 100 件

2018 年		凭证		摘要	借方金额																										生产工时/小时									
					直接材料										直接人工								制造费用																	
月	日	字	号		千	百	十	万	千	百	十	元	角	分	十	万	千	百	十	元	角	分	十	万	千	百	十	元	角	分	千	百	十	万	千	百	十	元	角	分
10	31			本月累计				8	5	0	0	0	0	0																					5	0	0	0	0	0
11	30			本月发生					4	0	0	0	0	0																					2	0	0	0	0	0

图 3-5 “基本生产成本”明细分类账（批号：7111#）

基本生产成本 明细分类账

批号：7132#

投产日：11 月 6 日，尚未完工　　在产品数：1 500 件

2018 年		凭证		摘要	借方金额																										生产工时/小时									
					直接材料										直接人工								制造费用																	
月	日	字	号		千	百	十	万	千	百	十	元	角	分	十	万	千	百	十	元	角	分	十	万	千	百	十	元	角	分	千	百	十	万	千	百	十	元	角	分
11	30			本月发生				5	6	0	0	0	0	0																					4	2	0	0	0	0

图 3-6 “基本生产成本”明细分类账（批号：7132#）

基本生产成本 明细分类账

批号：9111#

投产日：11 月 9 日，尚未完工　　在产品数：1 400 件

2018 年		凭证		摘要	借方金额																										生产工时/小时									
					直接材料										直接人工								制造费用																	
月	日	字	号		千	百	十	万	千	百	十	元	角	分	十	万	千	百	十	元	角	分	十	万	千	百	十	元	角	分	千	百	十	万	千	百	十	元	角	分
11	30			本月发生				4	3	0	0	0	0	0																					3	8	0	0	0	0

图 3-7 “基本生产成本”明细分类账（批号：9111#）

基本生产成本 明细分类账

批号：9132#

投产日：11 月 21 日，尚未完工　　在产品数：1 400 件

2018 年		凭证		摘要	借方金额																										生产工时/小时									
					直接材料										直接人工								制造费用																	
月	日	字	号		千	百	十	万	千	百	十	元	角	分	十	万	千	百	十	元	角	分	十	万	千	百	十	元	角	分	千	百	十	万	千	百	十	元	角	分
11	30			本月发生				5	2	0	0	0	0	0																					1	6	0	0	0	0

图 3-8 “基本生产成本”明细分类账（批号：9132#）

步骤二　计算累计间接费用分配率，据以分配完工产品应负担的间接费用

相关计算公式如下：

$$累计间接费用分配率=\frac{全部产品累计间接费用}{全部累计工时}$$

某批完工产品应负担的间接费用=该批完工产品累计工时×累计间接费用分配率

则

$$本案例中工资费用分配率=\frac{157\ 200}{26\ 200}=6$$

完工的 7101#产品应负担的工资费用=9 600×6=57 600（元）

7111#产品的完工部分应负担的工资费用=6 000×6=36 000（元）

$$制造费用分配率=\frac{41\ 920}{26\ 200}=1.6$$

完工的 7101#产品应负担的制造费用=9 600×1.6=15 360（元）

7111#产品的完工部分应负担的工资费用=6 000×1.6=9 600（元）

步骤三　登记转出本月完工产品的成本

登记图 3-9 和图 3-10，编制记账凭证（图 3-11）。

基本生产成本　明细分类账

批号：7101#

投产日：10 月 20 日，全部完工　　　　完工产品数：1 200 件

2018 年		凭证		摘要	借方金额																										生产工时/小时									
					直接材料										直接人工								制造费用																	
月	日	字	号		千	百	十	万	千	百	十	元	角	分	十	万	千	百	十	元	角	分	十	万	千	百	十	元	角	分	千	百	十	万	千	百	十	元	角	分
10	31			本月累计				4	0	0	0	0	0	0																					4	0	0	0	0	0
11	30			本月发生				7	2	0	0	0	0	0																					5	6	0	0	0	0
11	30			分配费用																																				
11	30			完工转出			1	1	2	0	0	0	0	0		5	7	6	0	0	0	0		1	5	3	6	0	0	0										

图 3-9　“基本生产成本”明细分类账（批号：7101#）

基本生产成本　明细分类账

批号：7111#

投产日：10 月 17 日，部分完工　　　　完工产品数：2 100 件

2018 年		凭证		摘要	借方金额																										生产工时/小时									
					直接材料										直接人工								制造费用																	
月	日	字	号		千	百	十	万	千	百	十	元	角	分	十	万	千	百	十	元	角	分	十	万	千	百	十	元	角	分	千	百	十	万	千	百	十	元	角	分
10	31			本月累计				8	5	0	0	0	0	0																					5	0	0	0	0	0
11	30			本月发生					4	0	0	0	0	0																					2	0	0	0	0	0
11	30			本月累计				8	9	0	0	0	0	0																					7	0	0	0	0	0
11	30			分配费用												3	6	0	0	0	0	0			9	6	0	0	0	0					6	0	0	0	0	0
11	30			完工转出				6	9	2	1	6	0	0		3	6	0	0	0	0	0			9	6	0	0	0	0										
11	30			在产品成本				1	9	7	8	4	0	0																					1	0	0	0	0	0

图 3-10　“基本生产成本”明细分类账（批号：7111#）

转 账 凭 证

年　月　日　　　　　　转字　　号

摘要	借方		贷方		√	金额										
	科目	明细科目	科目	明细科目		亿	千	百	十	万	千	百	十	元	角	分
合　计																

附件　张

会计主管　　记账　　出纳　　复核　　制单

图 3-11　转账凭证

简化分批法核算方式的优点：间接费用在分批产品之间，以及在完工产品和在产品之间的分配是在有产品完工时，利用累计间接费用分配率一次分配完成的。这样不仅简化了间接费用的分配，还简化了对未完工批别产品成本明细分类账的登记工作，未完工批次越多，简化程度越大。

简化分批法核算方式的缺点：各未完工批别的成本明细分类账不能完整地反映各批别在产品的成本。如果各月的间接费用相差很大，还会影响各月产品成本的准确性。另外，如果月末未完工的产品批次不多，则起不到简化的作用。

订单式生产企业的特点：①根据购买者的订单进行生产；②产品种类经常变动；③专门进行修理业务或新产品的试制。

订单产品如果为单件生产，则生产该产品发生的生产费用应直接计入产品的成本。

订单产品如果为批量生产，则需要分下列 3 种情况进行分析：

1）当月投产，当月完工的产品。本月所发生的生产费用全部为完工产品的成本。

2）当月投产，全部未完工的产品。不需要计算完工产品成本，只需将每次发生的费用额在生产费用明细表中进行登记累加。在有完工产品的月份，再计算完工产品成本。

3）当月投产，部分完工的产品。需要将所发生的生产费用在完工产品和未完工产品之间进行分配，从而计算出完工产品的成本。

分批法的成本计算对象并不一定是购货单位的订货单，大多数是企业计划部门的内部订单，成本会计上称之为生产任务通知单。

分批法一般是以产品的生产周期为成本计算期，在订单完工后才计算产品成本，所以成本计算非定期，与会计核算的报告期不一致。分批法适用于单件小批多步骤生产的企业（如船舶、重型机械等的制造），还适用于一般企业内部的新产品试制、自制专用设备、建筑工程及工业性修理作业等。

成本控制案例——沃尔玛

沃尔玛公司由美国零售业的传奇人物山姆·沃尔顿先生于 1962 年在阿肯色州成立。经过几十年的发展，沃尔玛公司已经成为美国最大的私人雇主和世界上最大的连锁零售企业之一。

（一）沃尔玛公司的宗旨

沃尔玛提出“帮顾客节省每一分钱”的宗旨，实现了价格最便宜的承诺。沃尔玛还向顾客提供超一流服务的新享受。公司一贯坚持“服务胜人一筹、员工与众不同”的服务原则。走进沃尔玛，顾客就可以亲身感受宾至如归的周到服务。另外，沃尔玛推行“一站式”购物新概念。顾客可以在最短的时间内、以最快的速度集齐所有需要的商品，正是这种快捷便利的购物方式吸引了现代消费者。

（二）沃尔玛的成本控制方法

沃尔玛虽然为了降低成本，一再缩减广告方面的开支，但积极参与各项公益事业。有付出便有收获，沃尔玛在公益活动上长期、大量的投入及活动本身所具的独到创意，大大提高了品牌知名度，成功塑造了沃尔玛品牌在广大消费者心目中的卓越形象。

此外，“价格低、服务好”是顾客对沃尔玛最直接、最表层的评价。从行业来分析，沃尔玛也只不过是出售廉价日用商品的零售商而已。在世界 500 强企业排行榜中沃尔玛名列前茅，很难想象一个廉价商品零售商会达到如此高度。

是什么原因让一个零售企业力压许多汽车、IT 等利润非常高的企业？深入剖析沃尔玛，其成功的“秘籍”在于其完善的成本控制方法。

沃尔玛在零售市场能战胜强大对手，迅速脱颖而出，并多年活力不减，最重要的原因是它能真正为顾客节省每一分钱，以“低价销售、保证满意”作为经营宗旨。由于成本管理的优势，沃尔玛能够长期保持“每日低价”和“最周到的服务”。沃尔玛的成本优势主要体现在采购、仓储管理和节约成本的观念上。

1. 从上到下的节约观念

在沃尔玛，你看不到华而不实的办公场地、办公设备，“合适的才是最好的”在经营中得到最好的体现。在销售繁忙的旺季或者节假日，沃尔玛的经理们会穿着西装走到第一线直接为顾客服务，而不是像其他公司那样增聘员工或者临时工，这是沃尔玛从上到下的一个观念和传统。

2. 直接采购

沃尔玛对传统零售企业的经营战略进行了革命，即绕开中间商，直接从工厂进货，从而大大减少了进货的中间环节，为降低采购价格提供了更大的空间。避开中间商就能把这些支出从成本中挤出来，在进货方面沃尔玛就可以取得比其他竞争对手更低的价格。

3. 统一配送

沃尔玛打破了传统零售业的存销方式，实行统一定货、统一分配、统一运送。早在1970年，沃尔玛就建立了第一间配送中心。由公司总部负责统一订来的商品全部被送到指定的配送中心，而每家分店只是一个纯粹的卖场。供货商将货物运到配送中心之后，在48小时以内，装箱的商品从一个卸货处运到另一个卸货处，而不在库房里消耗宝贵的时间。这种类似网络零售商“零库存”的做法使沃尔玛每年都可以节省数百万美元的仓储费用。沃尔玛1美元的商品销售额中，配货方面的成本只需1美分多一点，而这无疑是世界上最低的商业成本。

4. 运用高新技术，有效协调货物配送

沃尔玛通过电子数据交换来自动提示和控制商品库存量，同时沃尔玛还特别投入4亿美元的巨资，委托休斯公司发射了一颗商用卫星，实现了全球联网，以先进的信息技术为其高效的配送系统提供保证。通过全球网络，沃尔玛总部可在1小时之内对全球6 600多家分店内每种商品的库存上架及销售量全部盘点一遍，能够全面掌握销售情况，合理安排进货结构，及时补充库存和不足，降低存货水平，减少资金成本和库存费用。

通过这些手段，沃尔玛降低了成本，在市场竞争中更有优势，能在竞争中获得高于同行的利润，从而获得快速发展。

（三）沃尔玛给我们的启示

沃尔玛能够快速发展在于有严格控制成本的意识和方法，在进货和储存方面都能运用各种技术和方法，严格控制各项成本支出。沃尔玛的经验对我们有什么启示呢？

1. 社会责任

沃尔玛捐赠公益事业树立形象的策略是有效的。一个企业在发展过程中，在初期一般以效益为首要目标。因为在发展的初期，企业所关注的是资本的积累，不断地扩大企业规模。所以在此期间，增强实力是第一要务。但随着企业的发展、规模的扩大、资金实力的增强，其应担负的社会责任也随之增大。此时，企业所注重的就不应仅仅是利润，有能力的企业应多为社会做出贡献。通过参与社会公益事业，企业会在公众心中塑造良好的企业形象。这对一个企业来讲，是至关重要的。

2. 帮助顾客节省每一分钱

以沃尔玛为例，降低成本需要从公司的价值链分析入手。沃尔玛对零售商的价值链进行了改造：在订货环节，实行直接订货；在存储环节，实行统一配送；在商品管理环节，提高技术含量和集中度。企业如果要取得相对于同行的成本优势，进行价值链的分析和重组是有效的方法。同时，采用统一配送，提高了存货流转速度，提高了资金使用效率和资本收益率。

物美价廉始终是消费者追求的最理想的购物标准。要想赢得消费者的青睐，就要了解他们想要什么。因此，在不影响质量的前提下降低成本是企业的当务之急。成本降低的观念和意识非常重要。在企业里，如果从公司高层到基层员工都有成本意识，那么企业的成本控制措施就会发挥作用，产生更好的效果；否则，即使有好的成本措施，也难以达到预期的效果。

3．传达及信息反馈的速度，提高整个公司的运作效率

沃尔玛总部的计算机系统与 16 个发货中心及 1 000 多家商店连接。当某一货品库存减少到一定数量时，计算机就会发出信号，提醒商店及时向总部要求进货。总部安排货源后送往离商店最近的一个发货中心，再由发货中心的计算机安排发送时间和路线。在商店发出订单后 36 小时内所需货品就会出现在仓库的货架上。这种高效的存货管理，使公司能迅速掌握销售情况和市场需求趋势，及时补充库存不足。这样，可以减少存货风险，降低资金积压的额度，加速资金运转的速度。

企业在管理运作上也要进行改革。中国的企业在管理上存在着问题，信息传递不够及时、管理层结构复杂、管理效率差。面对以上问题，企业可以精减人员及不必要的部门，配备先进的管理硬件设备。

4．方便的购物环境，良好的售后服务

深圳的沃尔玛山姆店营业面积为 12 000 多平方米，有近 400 个免费停车位，而另一家营业面积达 17 800 多平方米的沃尔玛购物广场设有约 150 个停车位。沃尔玛将糕点房搬进了商场，更设有“山姆休闲廊”，所有的风味美食、新鲜糕点都给顾客在购物劳顿之余以休闲的享受。一次购物满 2 000 元或以上，沃尔玛皆可提供送货服务，在指定范围内每次 49 元（因为商品价格中不含送货成本）。

在精心经营的过程中，要始终将顾客放在第一位，只有充分考虑顾客的需求，才能留住顾客。经营是不断循环的过程，失去了顾客这一重要环节是不可能发展下去的。因此，我们要努力吸引新顾客，同时留住老顾客。这样就要求想尽一切便利的措施方便顾客。

（资料来源：https://wenku.baidu.com/view/295f35dc5ebfc77da26925c52cc58bd63186939c.html.）

巩固与拓展

一、单项选择题

1．以产品批别为成本计算对象的产品成本计算方法，称为（　　）。

A．品种法　　B．分步法

C．分批法　　D．分类法

2．分批法适用的生产组织形式是（　　）。

A．大量生产　　B．成批生产

C．单件生产　　D．单件小批生产

3．在采用分批法时，产品成本明细账的设立和结账，应与（　　）的签发和结束密切配合、协调一致，以保证各批产品成本计算的正确性。

A．生产任务通知单（或生产令号）　　B．领料单

C．订单　　D．"生产成本"总账

4．产品成本计算的分批法，有时又被称为（　　）。

A．品种法　　B．间接费用分配率法

C．订单法　　D．简化分批法

5．如果同一时期内，在几张订单中规定有相同的产品，则计算成本时可以（　　）。

A．按订单分批组织生产

B．按品种分批组织生产

C．按产品的组成部分分批组织生产

D．将相同产品合为一批组织生产

6．在简化的分批法下，（　　）。

A．不分批计算在产品成本

B．不计算月末在产品的材料成本

C．不计算月末在产品的加工费用

D．月末在产品分配结转间接计入费用

7．采用简化分批法，在各批产品完工以前，"产品成本"明细分类账（　　）。

A．不登记任何费用　　B．只登记间接费用

C．只登记原材料费用　　D．只登记直接费用和生产工时

8．采用简化的分批法，分配间接计入费用并计算登记该批完工产品的成本是在（　　）。

A．月末时　　B．季末时

C．年末时　　D．有产品完工时

9．简化的分批法不宜在（　　）情况下采用。

A．各月间接费用水平相差较大　　B．各月间接费用水平相差不大

C．月末未完工产品批数较多　　D．投产批数繁多

10．某企业采用分批法计算产品成本。6 月 1 日，投产甲产品 5 件、乙产品 3 件；6 月 15 日，投产甲产品 4 件、乙产品 4 件、丙产品 3 件；6 月 26 日，投产甲产品 6 件。该企业 6 月份应开设产品成本明细分类账（　　）张。

A．3　　B．5

C．4　　D．6

二、多项选择题

1．分批法适用于（　　）。

A．单件生产

B．小批生产

C．单步骤生产

D．管理上不要求分步计算成本的多步骤生产

2．分批法的成本计算对象可以是（　　）。

A．产品批次　　B．单件产品

C．订单　　D．生产步骤

3．分批法和品种法的主要区别是（　　）不同。

A．成本计算对象　　B．成本计算期

C．生产周期　　D．会计核算期

4．下列关于分批法的说法中，不正确的有（　　）。

A．分批法也称定额法

B．分批法适用于小批、单件及大批生产

C．按产品批别计算产品成本也就是按照订单计算产品成本

D．如果一张订单中规定有几种产品，也应合为一批组织生产

5．在简化的分批法下，“基本生产成本”明细分类账登记的内容有（　　）。

A．直接计入成本的费用

B．完工月份分配结转的直接计入费用

C．完工月份分配结转的间接计入费用

D．当月发生的生产工时

6．累计间接费用分配率是（　　）。

A．在各车间产品之间分配间接费用的依据

B．在各批产品之间分配间接费用的依据

C．在完工批别与月末在产品批别之间分配各该费用的依据

D．在某批产品的完工产品与月末在产品之间分配各该费用的依据

三、判断题

1．分批法成本计算期与产品生产周期一致。（　　）

2．分批法是按照产品的生产步骤归集生产费用，计算产品成本的一种方法。（　　）

3．分批法适用于大量大批的单步骤生产或管理上不要求分步计算成本的多步骤生产。（　　）

4．分批法应按产品批次（订单）开设产品成本计算单。（　　）

5．分批法一般不需要在完工产品和期末在产品之间分配生产费用，但一批产品跨月陆续完工时，也需要进行分配。（　　）

6．采用简化的分批法，必须设立“基本生产成本”二级账。（　　）

四、实务操作题

1．长兴公司 2018 年 7 月投产甲产品 100 件，批号为 1001#，在 7 月全部完工；7 月投产乙产品 150 件，批号为 1002#，当月完工 40 件；7 月投产丙产品 200 件，批号为 1003#，尚未完工。

1）本月发生的各项费用如下。

① 材料费用：1001#产品耗用原材料 125 000 元；1002#产品耗用原材料 167 000 元；1003#产品耗用原材料 226 000 元；生产车间一般耗用原材料 8 600 元；原材料采用计划成本计价，差异率为 4%。

② 人工费用：生产工人工资 19 600 元，车间管理人员工资 2 100 元；职工福利费按工资额 14%计提，生产工人工资按耗用工时比例分配；1001#产品工时为 18 000 小时，1002#产品工时为 20 000 小时，1003#产品工时为 11 000 小时。

③ 其他费用：车间耗用水电费 2 400 元，以银行存款付讫；车间固定资产的折旧费 3 800 元；车间的其他费用 250 元，以银行存款付讫。

2）制造费用按耗用工时比例分配。

3）1002#产品完工 40 件按定额成本转出，1002#产品定额单位成本为：直接材料 1 100 元，直接人工 75 元，制造费用 60 元。

要求：

1）编制原材料费用分配表和工资及职工福利费分配表（表 3-2 和表 3-3）。

2）根据资料内容，以及原材料费用分配表和工资及职工福利费分配表，编制会计分录。

3）根据会计分录，登记“制造费用”明细分类账、“基本生产成本”明细分类账（表 3-4～表 3-7）。

4）根据“制造费用”明细分类账，编制制造费用分配表（表 3-8），并编制会计分录，登记“基本生产成本”明细分类账。

5）计算 1001#产品总成本和单位成本，并编制完工入库的会计分录。

表 3-2 原材料费用分配表

年 月

应借账户		成本或费用项目	计划成本	材料差异额	材料实际成本
基本生产成本	1001#产品				
	1002#产品				
	1003#产品				
小计					
制造费用	机物料消耗				
合计					

表 3-3 工资及职工福利费分配表

年 月

应借账户		工资				福利费（14%）	合计
		生产工人		其他人员	合计		
		工时	分配金额（分配率： ）				
基本生产成本	1001#产品						
	1002#产品						
	1003#产品						
	小计						
制造费用							
合计							

表 3-4 “制造费用”明细分类账

摘要	机物料消耗	工资	福利费	水电费	折旧费	其他	合计

表 3-5 “基本生产成本”明细分类账（甲产品）

批号：1001# 开工日期：7 月 1 日

产品名称：甲产品 批量：100 件 完工日期：7 月 30 日

年		凭证		摘要	直接材料	直接人工	制造费用	合计
月	日	种类	号数					

表 3-6　“基本生产成本”明细分类账（乙产品）

批号：1002#
产品名称：乙产品　　　　批量：150 件　　　　开工日期：7 月 10 日
完工日期：

年		凭证		摘要	直接材料	直接人工	制造费用	合计
月	日	种类	号数					

表 3-7　“基本生产成本”明细分类账（丙产品）

批号：1003#
产品名称：丙产品　　　　批量：200 件　　　　开工日期：7 月 15 日
完工日期：

年		凭证		摘要	直接材料	直接人工	制造费用	合计
月	日	种类	号数					

表 3-8　制造费用分配表

年　　月

应借账户		成本项目	实用工时	分配率	应分配金额
基本生产成本	1001#产品				
	1002#产品				
	1003#产品				
合计					

2．华康集团下属的一个分厂属于小批生产，产品批别多，生产周期长，每月末经常有大量未完工的产品批数。为了简化核算工作，采用简化的分批法计算成本。该厂计算 2018 年 5 月成本的有关资料如下。

1）月初在产品成本如下。

① 直接费用（直接材料）：1019# 3 750 元，1029# 2 200 元，1039# 1 600 元。

② 间接费用：直接人工成本 1 725 元，制造费用 2 350 元。

2）月初在产品累计耗用工时：1019# 1 800 工时，1029# 590 工时，1039# 960 工时，月初累计耗用 3 350 工时。

3）本月的产品批别、工时和直接材料费用如表 3-9 所示。

表 3-9　产品的批别、工时和直接材料费用

产品名称	批号	批量	投产日期	完工日期	本月发生	
					工时/小时	直接材料/元
甲	1019#	10 件	4 月	5 月	450	250
乙	1029#	5 件	4 月	5 月	810	300
丙	1039#	4 件	4 月	预计 6 月	1 640	300

4）本月发生的各项费用：直接工资 1 400 元，制造费用 2 025 元。

要求：根据上述有关资料计算 5 月份已完工的 1019#的甲产品、1029#的乙产品成本，未完工的 1039#的丙产品暂不分配负担间接费用，如表 3-10～表 3-13 所示。

表 3-10　“基本生产成本”二级账

年		摘要	直接材料	工时	直接人工	制造费用	合计
月	日						

表 3-11　“基本生产成本”明细分类账（甲产品）

批号：1019#　　投产日期：2 月

产品名称：甲产品　　批量：10 件　　完工日期：5 月

年		摘要	直接材料	工时	直接人工	制造费用	合计
月	日						

表 3-12　“基本生产成本”明细分类账（乙产品）

批号：1029#　　投产日期：3 月

产品名称：乙产品　　批量：5 件　　完工日期：5 月

年		摘要	直接材料	工时	直接人工	制造费用	合计
月	日						

表 3-13　“基本生产成本”明细分类账（丙产品）

批号：1039#　　投产日期：3 月

产品名称：丙产品　　批量：4 件　　完工日期：6 月

年		摘要	直接材料	工时	直接人工	制造费用	合计
月	日						

项目四

核算规模生产企业产品成本

知识点

- 规模生产企业的特点。
- 分批法产品成本核算程序。

技能点

- 半成品的成本核算与收发。
- 分步法的成本核算与账务处理。

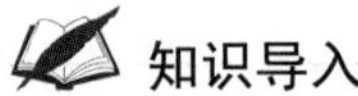

知识导入

本项目知识导图如图4-1所示。

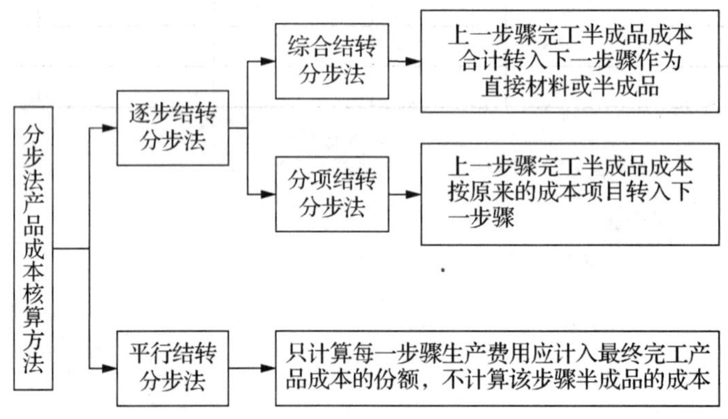

图4-1　项目四知识导图

目前，我国的现代制造企业绝大多数采取多品种、多步骤、多流程、多级次的生产方式，其生产管理模式也是多种多样的，单纯地使用品种法或分批法等某一种成本核算方法，其核算结果很难达到企业管理和核算所需要的高精度要求，规模企业更是如此。下面介绍第三种成本核算方法——分步法。

分步法是以各生产步骤的产品为成本计算对象来归集生产费用计算产品成本的一种方法。

案例企业情况介绍

泰山钢铁厂是国内一家集炼铁、炼钢、连铸和轧钢为一体的钢铁企业，该厂设有3个基本生产车间，分别是炼铁车间、炼钢车间和轧钢车间，另外还设有一个辅助车间——动力车间。该公司的主要产品有板材、彩涂板及汽车家电板等。各产品要经过3个基本生产车间加工，其中炼铁车间将冶炼出来的铁水送至炼钢车间进行炼钢和连铸加工，炼钢车间浇注的钢锭和连铸坯经过轧钢车间轧制成客户需要的型号的产品。该公司的钢铁加工流程如图4-2所示。

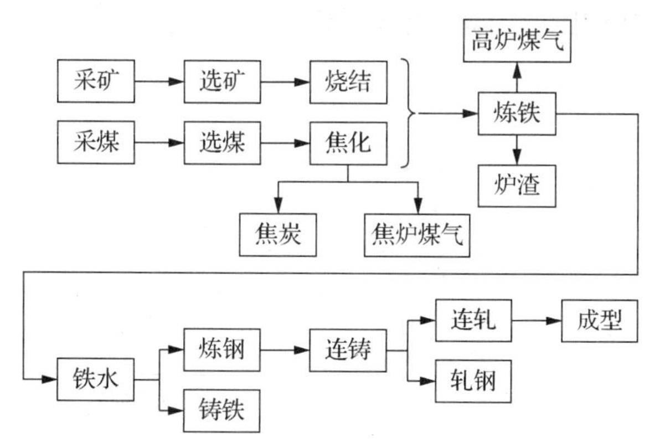

图4-2　钢铁加工流程

简而言之，该公司的生产工艺流程为烧结→炼铁→炼钢→连铸（模铸）→轧钢。

烧结：烧结是把铁矿粉造块，为高炉提供精料的一种方法，是利用铁矿粉、熔剂、燃料及选矿按一定比例制成块状冶炼原料的过程。

炼铁：高炉的冶炼过程主要目的是用铁矿石经济高效地得到温度和成分合乎要求的液态生铁。

炼钢：广义上说，就是铁水通过氧化反应脱碳、升温、合金化的过程，其主要任务是脱碳、脱氧、升温、去除气体和非金属夹杂、合金化。

连铸（模铸）：就是合格钢水在铸机中冷却成坯的过程。

轧钢：在旋转的轧辊间改变钢坯形状的压力加工过程。

2018年11月，期初的相关成本费用资料如表4-1～表4-3所示。

表4-1　月初在产品成本

2018年11月　　单位：元

生产车间	半成品	直接材料	直接人工	制造费用	合计
炼钢车间	480 000	37 800	46 200	78 000	642 000
轧钢车间	210 000	49 600	59 400	96 000	415 000

表4-2　各车间在产品定额指标明细表

2018年11月　　单位：元

项目		半成品	直接材料	直接人工	制造费用	合计
炼钢车间	月末在产品定额成本	310 000	13 000	20 000	37 000	380 000
轧钢车间	月末在产品定额成本	970 000	11 000	35 000	24 000	1 040 000

表 4-3　产量记录

2018 年 11 月　　单位：件

生产步骤	炼铁车间	炼钢车间	轧钢车间
月初在产品		300	400
本月投入	2800	2800	2800
本月完工	2800	3000	3000
月末在产品		100	200

本月发生的生产费用如表 4-4～表 4-7 所示。

表 4-4　领用材料汇总表

2018 年 11 月　　单位：元

部门		主要材料	辅助材料
炼铁车间	生产产品	3 102 650	
	管理部门		65 000
炼钢车间	生产产品	352 200	
	管理部门		54 000
轧钢车间	生产产品	123 680	
	管理部门		47 600
动力车间			109 000
厂部			58 900
合计		3 578 530	334 500

表 4-5　工资分配表

2018 年 11 月　　单位：元

部门		工资
炼铁车间	生产工人工资	370 000
	管理人员工资	92 800
炼钢车间	生产工人工资	478 000
	管理人员工资	103 400
轧钢车间	生产工人工资	417 000
	管理人员工资	69 400
动力车间		35 000
厂部		116 520
合计		1 682 120

表 4-6　固定资产折旧费用分配表

2018 年 11 月　　单位：元

应借账户			月折旧额
生产成本	动力车间	房屋	4 280
		机器设备	77 600

续表

应借账户			月折旧额
制造费用	炼铁车间	房屋	5 200
		机器设备	54 000
	炼钢车间	房屋	27 600
		机器设备	610 500
	轧钢车间	房屋	10 900
		机器设备	122 620
管理费用	管理部门	房屋	1 340
		机器设备	116 980
合计			1 031 020

表 4-7 其他费用分配表

2018 年 11 月　　单位：元

应借账户		办公费	水费	其他	合计
生产成本	动力车间	1 200	36 440	960	38 600
制造费用	炼铁车间	960	27 210	1 320	29 490
	炼钢车间	1 070	53 200	1 650	55 920
	轧钢车间	1 410	11 200	1 421	14 031
管理费用	管理部门	4 350	9 170	754	14 274
合计		8 990	137 220	6 105	152 315

任务一 完成要素费用的分配和登记

任务目标

1. 完成材料费用的归集和分配并登记各明细分类账。
2. 完成工资费用的归集和分配并登记各明细分类账。
3. 完成折旧费用和其他费用的归集并登记各明细分类账。

任务内容

按期初余额和本期发生额对不同要素费用进行分配和登记。

重点与难点

1. 各项要素费用的分配与登记。
2. 合理选择材料的分配方法。

任务实施

注意：本任务中只登记与成本核算直接相关的费用。

步骤一 根据领用材料汇总表编制记账凭证

根据领用材料汇总表（表 4-4）编制会计分录如下：

借：生产成本——基本生产成本——炼铁车间　3 102 650
　　　　　　　　　　　　　——炼钢车间　352 200
　　　　　　　　　　　　　——轧钢车间　123 680
　　制造费用——炼铁车间　65 000
　　　　　　——炼钢车间　54 000
　　　　　　——轧钢车间　47 600
　　生产成本——辅助生产成本——动力车间　109 000
　　管理费用　58 900
　　贷：原材料——主要材料　3 578 530
　　　　　　　——辅助材料　334 500

试根据以上会计分录编制记账凭证（图 4-3 和图 4-4）。

转 账 凭 证

年　月　日　　　　转字　号

摘要	借方		贷方		√	金额											
	科目	明细科目	科目	明细科目		亿	千	百	十	万	千	百	十	元	角	分	
																	附
																	件
																	张
合计																	

会计主管　　记账　　出纳　　复核　　制单

图 4-3　转账凭证（一）

转 账 凭 证

年　月　日　　　　转字　号

摘要	借方		贷方		√	金额											
	科目	明细科目	科目	明细科目		亿	千	百	十	万	千	百	十	元	角	分	
																	附
																	件
																	张
合计																	

会计主管　　记账　　出纳　　复核　　制单

图 4-4　转账凭证（二）

步骤二　根据期初余额和记账凭证登记各明细分类账的材料费用

各明细分类账的材料费用如图 4-5～图 4-11 所示。

基本生产成本　明细分类账

科目：生产成本
子目：炼铁车间

2018年		凭证		摘要	借方金额																										贷方										余额									
					直接材料										直接人工								制造费用																											
月	日	字	号		千	百	十	万	千	百	十	元	角	分	十	万	千	百	十	元	角	分	十	万	千	百	十	元	角	分	千	百	十	万	千	百	十	元	角	分	千	百	十	万	千	百	十	元	角	分
11	30	转	1	领用材料																																														

图 4-5　“基本生产成本”明细分类账（炼铁车间）

基本生产成本　明细分类账

科目：生产成本
子目：炼钢车间

2018年		凭证		摘要	借方金额																																				余额									
					半成品									直接材料									直接人工									制造费用																		
月	日	字	号		百	十	万	千	百	十	元	角	分	百	十	万	千	百	十	元	角	分	百	十	万	千	百	十	元	角	分	百	十	万	千	百	十	元	角	分	千	百	十	万	千	百	十	元	角	分
11	1			期初在产品																																														
11	30	转	1	领用材料																																														

图 4-6　“基本生产成本”明细分类账（炼钢车间）

基本生产成本　明细分类账

科目：生产成本
子目：轧钢车间

2018年		凭证		摘要	借方金额																																			余额									
					半成品									直接材料									直接人工									制造费用																		
月	日	字	号		百	十	万	千	百	十	元	角	分	百	十	万	千	百	十	元	角	分	百	十	万	千	百	十	元	角	分	百	十	万	千	百	十	元	角	分	千	百	十	万	千	百	十	元	角	分
11	1			期初在产品																																														
11	30	转	1	领用材料																																														

图 4-7　“基本生产成本”明细分类账（轧钢车间）

辅助生产成本　明细分类账

科目：生产成本
子目：动力车间

2018年		凭证		摘要	借方金额																									贷方										余额									
					材料费用										工资费用								折旧其他费用																										
月	日	字	号		千	百	十	万	千	百	十	元	角	分	十	万	千	百	十	元	角	分	十	万	千	百	十	元	角	分	千	百	十	万	千	百	十	元	角	分	千	百	十	万	千	百	十	元	角	分
11	30	转	1	领用材料																																														

图 4-8　“辅助生产成本”明细分类账（动力车间）

制造费用 明细分类账

车间：炼铁车间

2018年		凭证		摘要	借方金额																																	余额									
					材料费用									工资费用								折旧其他费用								辅助生产费用																	
月	日	字	号		百	十	万	千	百	十	元	角	分	十	万	千	百	十	元	角	分	十	万	千	百	十	元	角	分	十	万	千	百	十	元	角	分	千	百	十	万	千	百	十	元	角	分
11	30	转	1	领用材料																																											

图 4-9 “制造费用”明细分类账（炼铁车间）

制造费用 明细分类账

车间：炼钢车间

2018年		凭证		摘要	借方金额																																	余额									
					材料费用									工资费用								折旧其他费用								辅助生产费用																	
月	日	字	号		百	十	万	千	百	十	元	角	分	十	万	千	百	十	元	角	分	十	万	千	百	十	元	角	分	十	万	千	百	十	元	角	分	千	百	十	万	千	百	十	元	角	分
11	30	转	1	领用材料																																											

图 4-10 “制造费用”明细分类账（炼钢车间）

制造费用　明细分类账

车间：轧钢车间

2018年		凭证		摘要	借方金额																																	余额									
					材料费用									工资费用								折旧其他费用								辅助生产费用																	
月	日	字	号		百	十	万	千	百	十	元	角	分	十	万	千	百	十	元	角	分	十	万	千	百	十	元	角	分	十	万	千	百	十	元	角	分	千	百	十	万	千	百	十	元	角	分
11	30	转	1	领用材料																																											

图 4-11　“制造费用”明细分类账（轧钢车间）

步骤三 根据工资费用分配表编制记账凭证

根据工资分配表（表 4-5）编制会计分录如下：

借：生产成本——基本生产成本——炼铁车间 370 000
——炼钢车间 478 000
——轧钢车间 417 000
制造费用——炼铁车间 92 800
——炼钢车间 103 400
——轧钢车间 69 400
生产成本——辅助生产成本——动力车间 35 000
管理费用 116 520
贷：应付职工薪酬 1 682 120

试根据以上会计分录编制记账凭证（图 4-12 和图 4-13）。

转 账 凭 证

年 月 日 转字 号

摘要	借方		贷方		√	金额										
	科目	明细科目	科目	明细科目		亿	千	百	十	万	千	百	十	元	角	分
合计																

附件 张

会计主管 记账 出纳 复核 制单

图 4-12 转账凭证（一）

转 账 凭 证

年 月 日 转字 号

摘要	借方		贷方		√	金额										
	科目	明细科目	科目	明细科目		亿	千	百	十	万	千	百	十	元	角	分
合计																

附件 张

会计主管 记账 出纳 复核 制单

图 4-13 转账凭证（二）

步骤四 根据记账凭证登记各明细分类账的工资费用

各明细分类账的工资费用如图 4-14～图 4-20 所示。

基本生产成本 明细分类账

科目：生产成本
子目：炼铁车间

2018年		凭证		摘要	借方金额																										贷方										余额									
					直接材料										直接人工								制造费用																											
月	日	字	号		千	百	十	万	千	百	十	元	角	分	十	万	千	百	十	元	角	分	十	万	千	百	十	元	角	分	千	百	十	万	千	百	十	元	角	分	千	百	十	万	千	百	十	元	角	分
11	30	转	1	领用材料		3	1	0	2	6	5	0	0	0																																				
11	30	转	2	分配工资																																														

图 4-14 “基本生产成本”明细分类账（炼铁车间）

基本生产成本 明细分类账

科目：生产成本
子目：炼钢车间

2018年		凭证		摘要	借方金额																																				余额									
					半成品									直接材料									直接人工									制造费用																		
月	日	字	号		百	十	万	千	百	十	元	角	分	百	十	万	千	百	十	元	角	分	百	十	万	千	百	十	元	角	分	百	十	万	千	百	十	元	角	分	千	百	十	万	千	百	十	元	角	分
11	1			期初在产品		4	8	0	0	0	0	0	0			3	7	8	0	0	0	0			4	6	2	0	0	0	0			7	8	0	0	0	0	0			6	4	2	0	0	0	0	0
11	30	转	1	领用材料											3	5	2	2	0	0	0	0																												
11	30	转	2	分配工资																																														

图 4-15 “基本生产成本”明细分类账（炼钢车间）

基本生产成本　明细分类账

科目：生产成本
子目：轧钢车间

2018年		凭证		摘要	借方金额																																		余额									
					半成品									直接材料									直接人工									制造费用																		
月	日	字	号		百	十	万	千	百	十	元	角	分	百	十	万	千	百	十	元	角	分	百	十	万	千	百	十	元	角	分	百	十	万	千	百	十	元	角	分	千	百	十	万	千	百	十	元	角	分
11	1			期初在产品		2	1	0	0	0	0	0	0			4	9	6	0	0	0	0			5	9	4	0	0	0	0			9	6	0	0	0	0	0			4	1	5	0	0	0	0	0
11	30	转	1	领用材料											1	2	3	6	8	0	0	0																												
11	30	转	2	分配工资																																														

图 4-16　“基本生产成本”明细分类账（轧钢车间）

辅助生产成本　明细分类账

科目：生产成本
子目：动力车间

2018年		凭证		摘要	借方金额																										贷方										余额									
					材料费用										工资费用								折旧其他费用																											
月	日	字	号		千	百	十	万	千	百	十	元	角	分	十	万	千	百	十	元	角	分	十	万	千	百	十	元	角	分	千	百	十	万	千	百	十	元	角	分	千	百	十	万	千	百	十	元	角	分
11	30	转	1	领用材料			1	0	9	0	0	0	0	0																																				
11	30	转	2	分配工资																																														

图 4-17　“辅助生产成本”明细分类账（动力车间）

制造费用　明细分类账

车间：炼铁车间

2018年		凭证		摘要	借方金额																																	余额									
					材料费用									工资费用								折旧其他费用								辅助生产费用																	
月	日	字	号		百	十	万	千	百	十	元	角	分	十	万	千	百	十	元	角	分	十	万	千	百	十	元	角	分	十	万	千	百	十	元	角	分	千	百	十	万	千	百	十	元	角	分
11	30	转	1	领用材料			6	5	0	0	0	0	0																																		
11	30	转	2	分配工资																																											

图 4-18　“制造费用”明细分类账（炼铁车间）

制造费用　明细分类账

车间：炼钢车间

2018年		凭证		摘要	借方金额																																	余额									
					材料费用									工资费用								折旧其他费用								辅助生产费用																	
月	日	字	号		百	十	万	千	百	十	元	角	分	十	万	千	百	十	元	角	分	十	万	千	百	十	元	角	分	十	万	千	百	十	元	角	分	千	百	十	万	千	百	十	元	角	分
11	30	转	1	领用材料			5	4	0	0	0	0	0																																		
11	30	转	2	分配工资																																											

图 4-19　“制造费用”明细分类账（炼钢车间）

制造费用　明细分类账

车间：轧钢车间

2018年		凭证		摘要	借方金额																																	余额									
					材料费用									工资费用								折旧其他费用								辅助生产费用																	
月	日	字	号		百	十	万	千	百	十	元	角	分	十	万	千	百	十	元	角	分	十	万	千	百	十	元	角	分	十	万	千	百	十	元	角	分	千	百	十	万	千	百	十	元	角	分
11	30	转	1	领用材料			4	7	6	0	0	0	0																																		
11	30	转	2	分配工资																																											

图 4-20　“制造费用”明细分类账（轧钢车间）

步骤五　根据固定资产折旧费用分配表编制记账凭证

根据固定资产折旧费用分配表（表 4-6）编制会计分录如下：

借：制造费用——炼铁车间　59 200

——炼钢车间　638 100

——轧钢车间　133 520

生产成本——辅助生产成本——动力车间　81 880

管理费用　118 320

贷：累计折旧　1 031 020

试根据以上会计分录编制记账凭证（图 4-21 和图 4-22）。

转账凭证

年　月　日　　　　转字　号

摘要	借方		贷方		√	金额										
	科目	明细科目	科目	明细科目		亿	千	百	十	万	千	百	十	元	角	分
合　计																

附件　张

会计主管　记账　出纳　复核　制单

图 4-21　转账凭证（一）

转账凭证

年　月　日　　　　转字　号

摘要	借方		贷方		√	金额										
	科目	明细科目	科目	明细科目		亿	千	百	十	万	千	百	十	元	角	分
合　计																

附件　张

会计主管　记账　出纳　复核　制单

图 4-22　转账凭证（二）

步骤六　根据记账凭证登记各明细分类账的折旧费用

各明细分类账的折旧费用如图 4-23～图 4-25 所示。

制造费用 明细分类账

车间：炼铁车间

2018年		凭证		摘要	借方金额																																	余额									
					材料费用									工资费用								折旧其他费用								辅助生产费用																	
月	日	字	号		百	十	万	千	百	十	元	角	分	十	万	千	百	十	元	角	分	十	万	千	百	十	元	角	分	十	万	千	百	十	元	角	分	千	百	十	万	千	百	十	元	角	分
11	30	转	1	领用材料			6	5	0	0	0	0	0																																		
11	30	转	2	分配工资											9	2	8	0	0	0	0																										
11	30	转	3	计提折旧																																											

图 4-23 “制造费用”明细分类账（炼铁车间）

制造费用 明细分类账

车间：炼钢车间

2018年		凭证		摘要	借方金额																																	余额									
					材料费用									工资费用								折旧其他费用								辅助生产费用																	
月	日	字	号		百	十	万	千	百	十	元	角	分	十	万	千	百	十	元	角	分	十	万	千	百	十	元	角	分	十	万	千	百	十	元	角	分	千	百	十	万	千	百	十	元	角	分
11	30	转	1	领用材料			5	4	0	0	0	0	0																																		
11	30	转	2	分配工资										1	0	3	4	0	0	0	0																										
11	30	转	3	计提折旧																																											

图 4-24 “制造费用”明细分类账（炼钢车间）

制造费用 明细分类账

车间：轧钢车间

2018 年		凭证		摘要	借方金额																																					余额									
					材料费用									工资费用								折旧其他费用								辅助生产费用																	
月	日	字	号		百	十	万	千	百	十	元	角	分	十	万	千	百	十	元	角	分	十	万	千	百	十	元	角	分	十	万	千	百	十	元	角	分	千	百	十	万	千	百	十	元	角	分
11	30	转	1	领用材料			4	7	6	0	0	0	0																																		
11	30	转	2	分配工资											6	9	4	0	0	0	0																										
11	30	转	3	计提折旧																																											

图 4-25 “制造费用”明细分类账（轧钢车间）

步骤七　根据其他费用分配表编制记账凭证

根据其他费用分配表（表 4-7）编制会计分录如下：

借：制造费用——炼铁车间　　29 490
　　　　　　——炼钢车间　　55 920
　　　　　　——轧钢车间　　14 031
　　生产成本——辅助生产成本——动力车间　　38 600
　　管理费用　　14 274
　　贷：银行存款　　152 315

试根据以上会计分录编制记账凭证（图 4-26 和图 4-27）。

转 账 凭 证

年　月　日　　　　转字　号

摘要	借方		贷方		√	金额										
	科目	明细科目	科目	明细科目		亿	千	百	十	万	千	百	十	元	角	分
合		计														

附件　张

会计主管　　记账　　出纳　　复核　　制单

图 4-26　转账凭证（一）

转 账 凭 证

年　月　日　　　　转字　号

摘要	借方		贷方		√	金额										
	科目	明细科目	科目	明细科目		亿	千	百	十	万	千	百	十	元	角	分
合		计														

附件　张

会计主管　　记账　　出纳　　复核　　制单

图 4-27　转账凭证（二）

步骤八　根据记账凭证登记各明细分类账的其他费用

各明细分类账的其他费用如图 4-28～图 4-31 所示。

制造费用 明细分类账

车间：炼铁车间

2018年		凭证		摘要	借方金额																																	余额									
					材料费用									工资费用								折旧其他费用								辅助生产费用																	
月	日	字	号		百	十	万	千	百	十	元	角	分	十	万	千	百	十	元	角	分	十	万	千	百	十	元	角	分	十	万	千	百	十	元	角	分	千	百	十	万	千	百	十	元	角	分
11	30	转	1	领用材料			6	5	0	0	0	0	0																																		
11	30	转	2	分配工资											9	2	8	0	0	0	0																										
11	30	转	3	计提折旧																			5	9	2	0	0	0	0																		
11	30	转	4	其他费用																																											

图 4-28 “制造费用”明细分类账（炼铁车间）

制造费用 明细分类账

车间：炼钢车间

2018年		凭证		摘要	借方金额																																	余额									
					材料费用									工资费用								折旧其他费用								辅助生产费用																	
月	日	字	号		百	十	万	千	百	十	元	角	分	十	万	千	百	十	元	角	分	十	万	千	百	十	元	角	分	十	万	千	百	十	元	角	分	千	百	十	万	千	百	十	元	角	分
11	30	转	1	领用材料			5	4	0	0	0	0	0																																		
11	30	转	2	分配工资										1	0	3	4	0	0	0	0																										
11	30	转	3	计提折旧																		6	3	8	1	0	0	0	0																		
11	30	转	4	其他费用																																											

图 4-29 “制造费用”明细分类账（炼钢车间）

制造费用　明细分类账

车间：轧钢车间

2018年		凭证		摘要	借方金额																																					余额									
					材料费用									工资费用								折旧其他费用								辅助生产费用																	
月	日	字	号		百	十	万	千	百	十	元	角	分	十	万	千	百	十	元	角	分	十	万	千	百	十	元	角	分	十	万	千	百	十	元	角	分	千	百	十	万	千	百	十	元	角	分
11	30	转	1	领用材料			4	7	6	0	0	0	0																																		
11	30	转	2	分配工资											6	9	4	0	0	0	0																										
11	30	转	3	计提折旧																		1	3	3	5	2	0	0	0																		
11	30	转	4	其他费用																																											

图 4-30　“制造费用”明细分类账（轧钢车间）

辅助生产成本　明细分类账

科目：生产成本

子目：动力车间

2018年		凭证		摘要	借方金额																										贷方										余额									
					材料费用										工资费用								折旧其他费用																												
月	日	字	号		千	百	十	万	千	百	十	元	角	分	十	万	千	百	十	元	角	分	十	万	千	百	十	元	角	分	千	百	十	万	千	百	十	元	角	分	千	百	十	万	千	百	十	元	角	分
11	30	转	1	领用材料			1	0	9	0	0	0	0	0																																				
11	30	转	2	分配工资												3	5	0	0	0	0	0																												
11	30	转	3	计提折旧																				8	1	8	8	0	0	0																				
11	30	转	4	其他费用																																														

图 4-31　“辅助生产成本”明细分类账（动力车间）

巩固与拓展

一、单项选择题

1．企业为生产产品发生的原料及主要材料的耗费，应通过（　　）账户核算。

A．“基本生产成本”　　B．“辅助生产成本”

C．“管理费用”　　D．“制造费用”

2．某企业甲产品经过三道工序加工而成，共耗费工时 50 小时，其中，第一道工序工时定额为 30 小时，每道工序按本工序工时定额的 50%计算。本月第一道工序在产品数量为 500 件，则第一道工序在产品的约当产量为（　　）件。

A．500　　B．300

C．250　　D．150

3．可以记入“直接材料”成本项目的材料费用是（　　）。

A．为组织管理生产用的机物料

B．为组织管理生产用的低值易耗品

C．生产过程中间接耗用的材料

D．直接用于生产过程中的原材料

4．基本生产车间管理人员的工资薪酬应记入（　　）账户。

A．“生产成本”　　B．“管理费用”

C．“制造费用”　　D．“销售费用”

5．某企业本月生产 A 产品耗用机器工时 120 小时，生产 B 产品耗用机器工时 180 小时。本月发生车间管理人员工资 3 万元，产品生产人员工资 30 万元。该企业按机器工时比例分配制造费用。假设不考虑其他因素，本月 B 产品应分配的制造费用为（　　）万元。

A．1.2　　B．1.32

C．1.8　　D．1.98

二、多项选择题

1．企业发生下列费用时，可以直接记入“基本生产成本”账户的有（　　）。

A．车间照明用电费

B．构成产品实体的原材料费用

C．车间管理人员工资

D．车间生产人员工资

2．下列各项中，属于制造费用分配标准的有（　　）。

A．完工产品数量

B．产品生产机器工时

C．产品生产实际工时

D．生产工人工资

3．分配计算完工产品和月末在产品的成本时，采用在产品按定额成本计价法所具备的条件是（　　）。

A．定额管理基础较好

B．产品的消耗定额比较稳定

C．各月末在产品数量变化比较小

D．产品的消耗定额比较准确

4．下列各项中，应计入当期生产成本的有（　　）。

A．生产设备的修理费用

B．生产产品耗用的材料成本

C．行政管理部门计提的固定资产折旧

D．生产人员的薪酬

5．下列各项中，应该记入“制造费用”项目的有（　　）。

A．生产车间管理人员的工资

B．厂部管理人员的工资

C．生产车间的办公费

D．厂部的办公费

三、判断题

1．生产人员、车间管理人员的职工薪酬，根据人工费用分配表，应直接计入产品生产成本。（　　）

2．当企业只生产一种产品时，生产工人的人工费用直接计入该种产品成本。（　　）

3．固定资产折旧费是产品成本的组成部分，所以应该直接计入或间接计入产品成本。（　　）

4．行政管理部门的固定资产修理费用应间接计入生产成本。（　　）

5．基本生产车间固定资产折旧费应直接计入产品的生产成本中。（　　）

四、实务操作题

1．威利达工厂11月份生产甲、乙两种产品，共同耗用A材料6 600千克，A材料每千克单价为9元，共计59 400元。生产甲产品80件，单位消耗定额为50千克；生产乙产品50件，单位消耗定额为40千克。

要求：按定额比例法分配耗用的A材料费用。

2．海华企业2018年6月发生电费15 200元，通过银行存款支付。月末查明各车间、部门耗电度数分别为：基本生产车间耗电5 000千瓦时，其中，基本生产车间照明用电500千瓦时；辅助生产车间耗电2 000千瓦时，其中，车间照明用电300千瓦时；企业管理部门耗电600千瓦时。

要求：按照耗电度数分配电力费用，甲、乙产品按生产工时分配电费（甲产品生产工时为4 000小时，乙产品生产工时为1 000小时）。

3．坤鹏企业2018年8月份共发生工资费用62 000元，其中，基本生产车间工人工资42 000元，基本生产车间管理人员工资3 000元，辅助生产车间人员工资6 000元，行政管理人员工资5 000元，销售人员工资6 000元。该企业基本生产车间生产甲、乙两种产品，甲产品实际生产工时为15 000小时，乙产品实际生产工时为6 000小时。

要求：按照生产工时比例分配甲、乙产品应分配的人工费用。

任务二　完成辅助生产费用及制造费用的分配和登记

任务目标

1. 完成辅助生产费用的分配并登记各明细分类账。
2. 完成制造费用的分配并登记各明细分类账。

任务内容

对辅助生产费用和制造费用进行分配和登记。

重点与难点

辅助生产费用与制造费用的分配方法。

任务实施

注意：本任务中只登记与成本核算直接相关的费用。

步骤一　根据“辅助生产成本”明细分类账编制辅助生产费用分配表

“辅助生产成本”明细分类账如图4-32所示，辅助生产费用分配表如表4-8所示。

辅助生产成本 明细分类账

科目：生产成本

子目：动力车间

2018年		凭证		摘要	借方金额																										贷方										余额									
					材料费用										工资费用								折旧其他费用																											
月	日	字	号		千	百	十	万	千	百	十	元	角	分	十	万	千	百	十	元	角	分	十	万	千	百	十	元	角	分	千	百	十	万	千	百	十	元	角	分	千	百	十	万	千	百	十	元	角	分
11	30	转	1	领用材料			1	0	9	0	0	0	0	0																																				
11	30	转	2	分配工资												3	5	0	0	0	0	0																												
11	30	转	3	计提折旧																				8	1	8	8	0	0	0																				
11	30	转	4	其他费用																				3	8	6	0	0	0	0																				
11	30			合计			1	0	9	0	0	0	0	0		3	5	0	0	0	0	0	1	2	0	4	8	0	0	0													2	6	4	4	8	0	0	0

图 4-32 “辅助生产成本”明细分类账（动力车间）

表 4-8 辅助生产费用分配表

2018 年 11 月　　　　金额单位：元

项目		分配额
待分配费用总额		264 480
向辅助生产车间外的部门提供劳务总量		440 800
单位成本（分配率）		0.6
炼铁车间	劳务量	117 640
	金额	70 584
炼钢车间	劳务量	213 200
	金额	127 920
轧钢车间	劳务量	95 850
	金额	57 510
管理部门	劳务量	14 110
	金额	8 466

步骤二　编制记账凭证并登记各明细分类账

根据表 4-8 编制会计分录如下：

借：制造费用——炼铁车间　　70 584
　　　　　　——炼钢车间　　127 920
　　　　　　——轧钢车间　　57 510
　　管理费用　　8 466
　　贷：生产成本——辅助生产成本——动力车间　　264 480

试根据以上会计分录编制记账凭证（图 4-33 和图 4-34），登记“制造费用”明细分类账（图 4-35～图 4-38）。

转 账 凭 证

年　月　日　　　　转字　号

摘要	借方		贷方		√	金额										
	科目	明细科目	科目	明细科目		亿	千	百	十	万	千	百	十	元	角	分
合　计																

附件　张

会计主管　　记账　　出纳　　复核　　制单

图 4-33　转账凭证（一）

转 账 凭 证

年　月　日　　　　转字　号

摘要	借方		贷方		√	金额										
	科目	明细科目	科目	明细科目		亿	千	百	十	万	千	百	十	元	角	分
合　计																

附件　张

会计主管　　记账　　出纳　　复核　　制单

图 4-34　转账凭证（二）

制造费用 明细分类账

车间：炼铁车间

2018年		凭证		摘要	借方金额																																	余额									
					材料费用									工资费用								折旧其他费用								辅助生产费用																	
月	日	字	号		百	十	万	千	百	十	元	角	分	十	万	千	百	十	元	角	分	十	万	千	百	十	元	角	分	十	万	千	百	十	元	角	分	千	百	十	万	千	百	十	元	角	分
11	30	转	1	领用材料			6	5	0	0	0	0	0																																		
11	30	转	2	分配工资											9	2	8	0	0	0	0																										
11	30	转	3	计提折旧																			5	9	2	0	0	0	0																		
11	30	转	4	其他费用																			2	9	4	9	0	0	0																		
11	30	转	5	分配辅助费用																																											

图 4-35 “制造费用”明细分类账（炼铁车间）

制造费用 明细分类账

车间：炼钢车间

2018年		凭证		摘要	借方金额																																	余额									
					材料费用									工资费用								折旧其他费用								辅助生产费用																	
月	日	字	号		百	十	万	千	百	十	元	角	分	十	万	千	百	十	元	角	分	十	万	千	百	十	元	角	分	十	万	千	百	十	元	角	分	千	百	十	万	千	百	十	元	角	分
11	30	转	1	领用材料			5	4	0	0	0	0	0																																		
11	30	转	2	分配工资										1	0	3	4	0	0	0	0																										
11	30	转	3	计提折旧																		6	3	8	1	0	0	0	0																		
11	30	转	4	其他费用																			5	5	9	2	0	0	0																		
11	30	转	5	分配辅助费用																																											

图 4-36 “制造费用”明细分类账（炼钢车间）

制造费用　明细分类账

车间：轧钢车间

2018年		凭证		摘要	借方金额																																	余额									
					材料费用									工资费用								折旧其他费用								辅助生产费用																	
月	日	字	号		百	十	万	千	百	十	元	角	分	十	万	千	百	十	元	角	分	十	万	千	百	十	元	角	分	十	万	千	百	十	元	角	分	千	百	十	万	千	百	十	元	角	分
11	30	转	1	领用材料			4	7	6	0	0	0	0																																		
11	30	转	2	分配工资											6	9	4	0	0	0	0																										
11	30	转	3	计提折旧																		1	3	3	5	2	0	0	0																		
11	30	转	4	其他费用																			1	4	0	3	1	0	0																		
11	30	转	5	分配辅助费用																																											

图 4-37　“制造费用”明细分类账（轧钢车间）

辅助生产成本　明细分类账

科目：生产成本

子目：动力车间

2018年		凭证		摘要	借方金额																										贷方										余额									
					材料费用										工资费用								折旧其他费用																											
月	日	字	号		千	百	十	万	千	百	十	元	角	分	十	万	千	百	十	元	角	分	十	万	千	百	十	元	角	分	千	百	十	万	千	百	十	元	角	分	千	百	十	万	千	百	十	元	角	分
11	30	转	1	领用材料			1	0	9	0	0	0	0	0																																				
11	30	转	2	分配工资												3	5	0	0	0	0	0																												
11	30	转	3	计提折旧																				8	1	8	8	0	0	0																				
11	30	转	4	其他费用																				3	8	6	0	0	0	0																				
11	30			合计			1	0	9	0	0	0	0	0		3	5	0	0	0	0	0	1	2	0	4	8	0	0	0													2	6	4	4	8	0	0	0
11	30	转	5	分配辅助费用																																														

图 4-38　“辅助生产成本”明细分类账（动力车间）

步骤三　根据“制造费用”明细分类账编制制造费用分配表并登记各生产成本明细分类账

因为本案例中3个基本生产车间，即炼铁车间、炼钢车间和轧钢车间均生产一种产品，所以按车间归集的制造费用直接记入各产品成本明细分类账中。编制会计分录如下：

借：生产成本——辅助生产成本——炼铁车间　　317 074
　　　　　　　　　　　——炼钢车间　　979 340
　　　　　　　　　　　——轧钢车间　　322 061
　贷：制造费用——炼铁车间　　317 074
　　　　　　　——炼钢车间　　979 340
　　　　　　　——轧钢车间　　322 061

试根据以上会计分录编制记账凭证（图4-39和图4-40），登记各“生产成本”明细分类账（图4-41～图4-46）。

转 账 凭 证

年　　月　　日　　　　　　　　　　　　转字　　号

摘要	借方		贷方		√	金额										
	科目	明细科目	科目	明细科目		亿	千	百	十	万	千	百	十	元	角	分
合　　计																

附件　张

会计主管　　记账　　出纳　　复核　　制单

图4-39　转账凭证（一）

转 账 凭 证

年　　月　　日　　　　　　　　　　　　转字　　号

摘要	借方		贷方		√	金额										
	科目	明细科目	科目	明细科目		亿	千	百	十	万	千	百	十	元	角	分
合　　计																

附件　张

会计主管　　记账　　出纳　　复核　　制单

图4-40　转账凭证（二）

制造费用　明细分类账

车间：炼铁车间

2018年		凭证		摘要	借方金额																																	余额									
					材料费用									工资费用								折旧其他费用								辅助生产费用																	
月	日	字	号		百	十	万	千	百	十	元	角	分	十	万	千	百	十	元	角	分	十	万	千	百	十	元	角	分	十	万	千	百	十	元	角	分	千	百	十	万	千	百	十	元	角	分
11	30	转	1	领用材料			6	5	0	0	0	0	0																																		
11	30	转	2	分配工资											9	2	8	0	0	0	0																										
11	30	转	3	计提折旧																			5	9	2	0	0	0	0																		
11	30	转	4	其他费用																			2	9	4	9	0	0	0																		
11	30	转	5	分配辅助费用																											7	0	5	8	4	0	0										
				合计			6	5	0	0	0	0	0		9	2	8	0	0	0	0		8	8	6	9	0	0	0		7	0	5	8	4	0	0			3	1	7	0	7	4	0	0
11	30	转	6	分配制造费用			6	5	0	0	0	0	0		9	2	8	0	0	0	0		8	8	6	9	0	0	0		7	0	5	8	4	0	0								0	0	0

图 4-41　“制造费用”明细分类账（炼铁车间）

制造费用　明细分类账

车间：炼钢车间

2018年		凭证		摘要	借方金额																																	余额									
					材料费用									工资费用								折旧其他费用								辅助生产费用																	
月	日	字	号		百	十	万	千	百	十	元	角	分	十	万	千	百	十	元	角	分	十	万	千	百	十	元	角	分	十	万	千	百	十	元	角	分	千	百	十	万	千	百	十	元	角	分
11	30	转	1	领用材料			5	4	0	0	0	0	0																																		
11	30	转	2	分配工资										1	0	3	4	0	0	0	0																										
11	30	转	3	计提折旧																		6	3	8	1	0	0	0	0																		
11	30	转	4	其他费用																			5	5	9	2	0	0	0																		
11	30	转	5	分配辅助费用																										1	2	7	9	2	0	0	0										
				合计			5	4	0	0	0	0	0	1	0	3	4	0	0	0	0	6	9	4	0	2	0	0	0	1	2	7	9	2	0	0	0			9	7	9	3	4	0	0	0
11	30	转	6	分配制造费用			5	4	0	0	0	0	0	1	0	3	4	0	0	0	0	6	9	4	0	2	0	0	0	1	2	7	9	2	0	0	0								0	0	0

图 4-42　“制造费用”明细分类账（炼钢车间）

制造费用　明细分类账

车间：轧钢车间

2018年		凭证		摘要	借方金额																																					余额									
					材料费用									工资费用								折旧其他费用								辅助生产费用																	
月	日	字	号		百	十	万	千	百	十	元	角	分	十	万	千	百	十	元	角	分	十	万	千	百	十	元	角	分	十	万	千	百	十	元	角	分	千	百	十	万	千	百	十	元	角	分
11	30	转	1	领用材料			4	7	6	0	0	0	0																																		
11	30	转	2	分配工资											6	9	4	0	0	0	0																										
11	30	转	3	计提折旧																		1	3	3	5	2	0	0	0																		
11	30	转	4	其他费用																			1	4	0	3	1	0	0																		
11	30	转	5	分配辅助费用																											5	7	5	1	0	0	0										
				合计			4	7	6	0	0	0	0		6	9	4	0	0	0	0	1	4	7	5	5	1	0	0		5	7	5	1	0	0	0			3	2	2	0	6	1	0	0
11	30	转	6	分配制造费用			4	7	6	0	0	0	0		6	9	4	0	0	0	0	1	4	7	5	5	1	0	0		5	7	5	1	0	0	0								0	0	0

图 4-43　“制造费用”明细分类账（轧钢车间）

基本生产成本　明细分类账

科目：生产成本

子目：炼铁车间

2018年		凭证		摘要	借方金额																										贷方										余额									
					直接材料										直接人工								制造费用																											
月	日	字	号		千	百	十	万	千	百	十	元	角	分	十	万	千	百	十	元	角	分	十	万	千	百	十	元	角	分	千	百	十	万	千	百	十	元	角	分	千	百	十	万	千	百	十	元	角	分
11	30	转	1	领用材料		3	1	0	2	6	5	0	0	0																																				
11	30	转	2	分配工资											3	7	0	0	0	0	0	0																												
11	30	转	6	分配制造费用																			3	1	7	0	7	4	0	0																				
				合计		3	1	0	2	6	5	0	0	0	3	7	0	0	0	0	0	0	3	1	7	0	7	4	0	0												3	7	8	9	7	2	4	0	0

图 4-44　“基本生产成本”明细分类账（炼铁车间）

基本生产成本　明细分类账

科目：生产成本
子目：炼钢车间

2018年		凭证		摘要	借方金额																																				余额									
					半成品									直接材料									直接人工									制造费用																		
月	日	字	号		百	十	万	千	百	十	元	角	分	百	十	万	千	百	十	元	角	分	百	十	万	千	百	十	元	角	分	百	十	万	千	百	十	元	角	分	千	百	十	万	千	百	十	元	角	分
11	1			期初在产品		4	8	0	0	0	0	0	0			3	7	8	0	0	0	0			4	6	2	0	0	0	0			7	8	0	0	0	0	0			6	4	2	0	0	0	0	0
11	30	转	1	领用材料											3	5	2	2	0	0	0	0																												
11	30	转	2	分配工资																				4	7	8	0	0	0	0	0																			
11	30	转	6	分配制造费用																													9	7	9	3	4	0	0	0										
				合计		4	8	0	0	0	0	0	0		3	9	0	0	0	0	0	0		5	2	4	2	0	0	0	0	1	0	5	7	3	4	0	0	0		2	4	5	1	5	4	0	0	0

图 4-45　“基本生产成本”明细分类账（炼钢车间）

基本生产成本　明细分类账

科目：生产成本
子目：轧钢车间

2018年		凭证		摘要	借方金额																																				余额									
					半成品									直接材料									直接人工									制造费用																		
月	日	字	号		百	十	万	千	百	十	元	角	分	百	十	万	千	百	十	元	角	分	百	十	万	千	百	十	元	角	分	百	十	万	千	百	十	元	角	分	千	百	十	万	千	百	十	元	角	分
11	1			期初在产品		2	1	0	0	0	0	0	0			4	9	6	0	0	0	0			5	9	4	0	0	0	0			9	6	0	0	0	0	0			4	1	5	0	0	0	0	0
11	30	转	1	领用材料											1	2	3	6	8	0	0	0																												
11	30	转	2	分配工资																				4	1	7	0	0	0	0	0																			
11	30	转	6	分配制造费用																													3	2	2	0	6	1	0	0										
				合计		2	1	0	0	0	0	0	0		1	7	3	2	8	0	0	0		4	7	6	4	0	0	0	0		4	1	8	0	6	1	0	0		1	2	7	7	7	4	1	0	0

图 4-46　“基本生产成本”明细分类账（轧钢车间）

步骤四 计算并结转半成品成本和完工产品成本

本案例中，由于炼铁车间的在产品主要是在高炉中冶炼的炉料，而高炉体积是固定的，各月在产品数量基本相同，在产品成本在当月的生产费用中所占的比例较小，月末在产品成本可以不进行计算。因此，本月发生的生产费用全部计入本月完工的半成品成本。“基本生产成本”明细分类账如图 4-47 所示。

在将炼铁车间完工的半成品转入炼钢车间进行进一步加工时，结转的方法采用的是逐步结转分步法。

逐步结转分步法是各个生产步骤逐步计算并结转半成品成本，直到最后生产步骤计算出完工产品成本的方法。该种方法的显著特征是需要计算每个生产步骤的半成品成本。因此，逐步结转分步法也称为计算半成品成本的分步法。上一个生产步骤完工的半成品实物转入下一个生产步骤继续加工时，半成品的生产成本同时也随之转入下一个生产步骤成本明细分类账，即成本随实物的结转而结转。直到最后生产步骤生产出完工产品，并最终计算出完工产品成本。

逐步结转分步法主要适用于大量大批多步骤生产，且在管理上需要提供半成品成本资料的企业，尤其是各步骤所产半成品作为商品对外销售的企业，如以下企业：

1）半成品可对外销售或半成品虽不对外销售但须进行比较考核的企业，如纺织企业的棉纱、坯布，冶金企业的生铁、钢锭、铝锭，化肥企业的合成氨等半成品。

2）一种半成品同时转作几种产成品原料的企业，如生产钢铸件、铜铸件的机械企业，生产纸浆的造纸企业。

3）实行承包经营责任制的企业。对外承包必然在内部也要承包或逐级考核，需要计算各步骤的半成品成本。

企业各个步骤生产的半成品如果要入半成品仓库，则要设置“自制半成品”账户，编制会计分录如下：

借：自制半成品——铁制品

　　贷：生产成本——炼铁车间

下一步骤领用时，编制会计分录如下：

借：生产成本——炼钢车间

　　贷：自制半成品——铁制品

如果没有设置半成品仓库，编制会计分录如下：

借：生产成本——炼钢车间

　　贷：生产成本——炼铁车间

以后步骤同上。

逐步结转分步法按照半成品成本在下一步骤成本计算单中反映的方法，可分为综合结转分步法、分项结转分步法和平行结转分步法 3 种。

基本生产成本　明细分类账

科目：生产成本
子目：炼铁车间

2018年		凭证		摘要	借方金额																										贷方										余额									
					直接材料										直接人工								制造费用																											
月	日	字	号		千	百	十	万	千	百	十	元	角	分	十	万	千	百	十	元	角	分	十	万	千	百	十	元	角	分	千	百	十	万	千	百	十	元	角	分	千	百	十	万	千	百	十	元	角	分
11	30	转	1	领用材料		3	1	0	2	6	5	0	0	0																																				
11	30	转	2	分配工资											3	7	0	0	0	0	0	0																												
11	30	转	6	分配制造费用																			3	1	7	0	7	4	0	0																				
				合计		3	1	0	2	6	5	0	0	0	3	7	0	0	0	0	0	0	3	1	7	0	7	4	0	0												3	7	8	9	7	2	4	0	0
11	30	转	7	完工转入炼钢车间																												3	7	8	9	7	2	4	0	0								0	0	0

图 4-47　“基本生产成本”明细分类账（炼铁车间）

（一）综合结转分步法

综合结转分步法是将各生产步骤所耗用的上一步骤的半成品成本，以其合计数综合结转到下一步骤的产品成本计算单中的半成品或原材料成本项目中去的方法。因其以合计数的形式结转，所以不能直接提供按原始成本项目反映的成本资料，对计算出的产成品成本需要进行成本还原。综合结转分步法结转程序如图 4-48 所示。

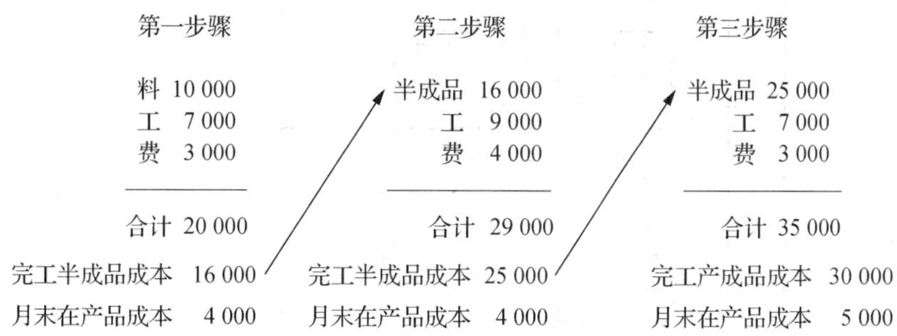

图 4-48 综合结转分步法结转程序

综合结转分步法在成本计算单里，不能直接提供按照原始成本项目（即原材料、工资和制造费用等）反映的成本资料。所以，在管理上要求从整个企业角度考核和分析产品成本构成时，还应将逐步综合结转计算出的产品成本按原来的成本项目进行成本还原。

1. 成本还原

成本还原是指把各步骤耗用的上一个步骤的半成品成本，逐步分解还原为直接材料、直接人工、制造费用等。

成本还原的方法是从最后一个生产步骤开始，将其所耗用的上一个生产步骤自制半成品的综合成本，按本月所生产这种半成品的成本结构比例逐步进行还原，直至还原到第一个生产步骤为止。相关计算公式为

$$\text{还原分配率}=\frac{\text{本期完工产品耗用上一步骤半成品成本}}{\text{上一步骤完工半成品成本合计}}$$

还原后各成本项目金额=本月生产该半成品成本中各成本项目金额×还原分配率

编制会计分录（图 4-49）如下（假定本案例不设“自制半成品仓库”账户）：

借：生产成本——炼钢车间　　3 789 724

　　贷：生产成本——炼铁车间　　3 789 724

试根据以上会计分录编制记账凭证（图 4-50）。

基本生产成本　明细分类账

科目：生产成本　　　　　　　　本月完工半成品数量：3 000 件
子目：炼钢车间

2018 年		凭证		摘要	借方金额																																			余额									
					半成品									直接材料									直接人工									制造费用																		
月	日	字	号		百	十	万	千	百	十	元	角	分	百	十	万	千	百	十	元	角	分	百	十	万	千	百	十	元	角	分	百	十	万	千	百	十	元	角	分	千	百	十	万	千	百	十	元	角	分
11	1			期初在产品		4	8	0	0	0	0	0	0			3	7	8	0	0	0	0			4	6	2	0	0	0	0			7	8	0	0	0	0	0			6	4	2	0	0	0	0	0
11	30	转	1	领用材料											3	5	2	2	0	0	0	0																					9	9	4	2	0	0	0	0
11	30	转	2	分配工资																				4	7	8	0	0	0	0	0											1	4	7	2	2	0	0	0	0
11	30	转	6	分配制造费用																													9	7	9	3	4	0	0	0		2	4	5	1	5	4	0	0	0
11	30	转	7	转入半成品	3	7	8	9	7	2	4	0	0																													6	2	4	1	2	6	4	0	0
11	30			合计	4	2	6	9	7	2	4	0	0		3	9	0	0	0	0	0	0		5	2	4	2	0	0	0	0	1	0	5	7	3	4	0	0	0		6	2	4	1	2	6	4	0	0

转入下一车间（步骤）的半成品成本

图 4-49　“基本生产成本”明细分类账（炼钢车间）

转 账 凭 证

年　　月　　日　　　　　　　　　　　　　　　　转字　　号

摘要	借方		贷方		√	金额										
	科目	明细科目	科目	明细科目		亿	千	百	十	万	千	百	十	元	角	分
合　　　计																

附件　张

会计主管　　　　记账　　　　出纳　　　　复核　　　　制单

图 4-50　转账凭证

2．计算炼钢车间完工产品成本和在产品成本

炼钢车间的在产品——钢锭的生产比较稳定且企业的定额资料制定比较合理，所以本步骤的在产品按定额成本法计算在产品成本。

根据表 4-2 各车间在产品定额指标明细表确定月末在产品成本，倒挤出本月完工转入轧钢车间的产品成本。

编制会计分录如下：

借：生产成本——基本生产成本——轧钢车间　　　　5 861 264

　　贷：生产成本——基本生产成本——炼钢车间　　　　5 861 264

试根据以上会计分录编制记账凭证（图 4-51）。相应的“基本生产成本”明细分类账如图 4-52 所示。

转 账 凭 证

年　　月　　日　　　　　　　　　　　　　　　　转字　　号

摘要	借方		贷方		√	金额										
	科目	明细科目	科目	明细科目		亿	千	百	十	万	千	百	十	元	角	分
合　　　计																

附件　张

会计主管　　　　记账　　　　出纳　　　　复核　　　　制单

图 4-51　转账凭证

3．计算轧钢车间完工产品成本和在产品成本

编制会计分录（图 4-53）如下：

借：库存商品——钢板材　　　　6 099 005

　　贷：生产成本——基本生产成本——轧钢车间　　　　6 099 005

试根据以上会计分录编制记账凭证（图 4-54）。

基本生产成本　明细分类账

科目：生产成本
子目：炼钢车间

本月完工半成品数量：3 000 件

2018年		凭证		摘要	借方金额																																		余额									
					半成品									直接材料									直接人工									制造费用																		
月	日	字	号		百	十	万	千	百	十	元	角	分	百	十	万	千	百	十	元	角	分	百	十	万	千	百	十	元	角	分	百	十	万	千	百	十	元	角	分	千	百	十	万	千	百	十	元	角	分
11	1			期初在产品		4	8	0	0	0	0	0	0			3	7	8	0	0	0	0			4	6	2	0	0	0	0			7	8	0	0	0	0	0			6	4	2	0	0	0	0	0
11	30	转	1	领用材料											3	5	2	2	0	0	0	0																					9	9	4	2	0	0	0	0
11	30	转	2	分配工资																				4	7	8	0	0	0	0	0											1	4	7	2	2	0	0	0	0
11	30	转	6	分配制造费用																													9	7	9	3	4	0	0	0		2	4	5	1	5	4	0	0	0
11	30	转	7	转入半成品	3	7	8	9	7	2	4	0	0																													6	2	4	1	2	6	4	0	0
11	30			合计	4	2	6	9	7	2	4	0	0		3	9	0	0	0	0	0	0		5	2	4	2	0	0	0	0	1	0	5	7	3	4	0	0	0		6	2	4	1	2	6	4	0	0
11	30	转	8	完工转入轧钢车间	3	9	5	9	7	2	4	0	0		3	7	7	0	0	0	0	0		5	0	4	2	0	0	0	0	1	0	2	0	3	4	0	0	0		5	8	6	1	2	6	4	0	0
11	30			在产品成本		3	1	0	0	0	0	0	0			1	3	0	0	0	0	0			2	0	0	0	0	0	0			3	7	0	0	0	0	0			3	8	0	0	0	0	0	0

图 4-52　“基本生产成本”明细分类账（炼钢车间）

基本生产成本 明细分类账

科目：生产成本

子目：轧钢车间

本月完工半成品数量：3 000 件

2018 年		凭证		摘要	借方金额																																				余额									
					半成品									直接材料									直接人工									制造费用																		
月	日	字	号		百	十	万	千	百	十	元	角	分	百	十	万	千	百	十	元	角	分	百	十	万	千	百	十	元	角	分	百	十	万	千	百	十	元	角	分	千	百	十	万	千	百	十	元	角	分
11	1			期初在产品		2	1	0	0	0	0	0	0			4	9	6	0	0	0	0			5	9	4	0	0	0	0			9	6	0	0	0	0	0			4	1	5	0	0	0	0	0
11	30	转	1	领用材料											1	2	3	6	8	0	0	0																												
11	30	转	2	分配工资																				4	1	7	0	0	0	0	0																			
11	30	转	6	分配制造费用																													3	2	2	0	6	1	0	0										
11	30	转	9	转入半成品	5	8	6	1	2	6	4	0	0																																					
				合计	6	0	7	1	2	6	4	0	0		1	7	3	2	8	0	0	0		4	7	6	4	0	0	0	0		4	1	8	0	6	1	0	0		7	1	3	9	0	0	5	0	0
11	30	转		完工入库	5	1	0	1	2	6	4	0	0		1	6	2	2	8	0	0	0		4	4	1	4	0	0	0	0		3	9	4	0	6	1	0	0		6	0	9	9	0	0	5	0	0
11	30			月末在产品成本		9	7	0	0	0	0	0	0			1	1	0	0	0	0	0			3	5	0	0	0	0	0			2	4	0	0	0	0	0		1	0	4	0	0	0	0	0	0

图 4-53 “基本生产成本”明细分类账（轧钢车间）

转 账 凭 证

年　　月　　日　　　　　　　　　　　　转字　　号

摘要	借方		贷方		√	金额										
	科目	明细科目	科目	明细科目		亿	千	百	十	万	千	百	十	元	角	分
合　　计																

附件　张

会计主管　　　　记账　　　　出纳　　　　复核　　　　制单

图 4-54　转账凭证

因本月完工产品成本中耗用的上个步骤的半成品成本项目“5101264”（图 4-55）中无法看出原来的成本结构，所以要对钢板材所耗用的半成品成本进行成本还原。

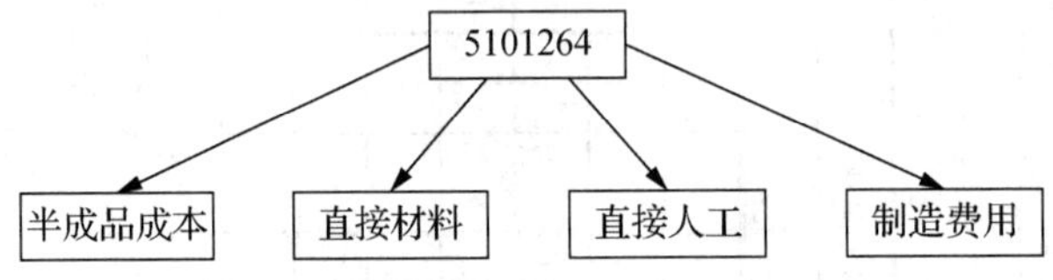

图 4-55　“5101264”项目结构

该案例经过了 3 个生产步骤，耗用了两次半成品成本，故要进行两次成本还原。

1）第一次成本还原。将轧钢车间完工产品钢板材中所耗用的炼钢车间的半成品钢锭进行成本还原：

$$\text{半成品成本钢锭成本还原率}=\frac{5\,101\,264}{5\,861\,264}\approx 0.870\,335$$

$$\text{还原为炼铁车间铁水成本}=3\,959\,724\times 0.870\,335\approx 3\,446\,286.39\text{（元）}$$

$$\text{还原为直接材料}=377\,000\times 0.870\,335=328\,116.295\text{（元）}$$

$$\text{还原为直接人工}=504\,200\times 0.870\,335=438\,822.907\text{（元）}$$

$$\text{还原为制造费用}=1\,020\,340\times 0.870\,335=888\,038.408\text{（元）（可以倒挤）}$$

2）第二次成本还原。将第一次还原后产成品钢板材中所耗用炼铁车间的铁水 3 446 286.39 进行成本还原：

$$\text{半成品铁水的成本还原率}=\frac{3\,446\,286.39}{3\,789\,724}\approx 0.909\,377$$

$$\text{还原为直接材料}=3\,102\,650\times 0.909\,377\approx 2\,821\,478.55\text{（元）}$$

还原为直接人工=370 000×0.909 377=336 469.49（元）

还原为制造费用=317 074×0.909 377=288 338.35（元）（可以倒挤）

3）汇总计算还原后钢板材的总成本，并编制产品成本还原计算表（表 4-9）。

表 4-9　产成品成本还原计算表

金额单位：元

项目		还原率	炼钢车间钢锭成本	炼铁车间铁水成本	直接材料	直接人工	制造费用	合计
还原前产品成本	①		5 101 264		162 280	441 400	394 061	6 099 005
炼钢车间钢锭成本	②			3 959 724	377 000	504 200	1 020 340	5 861 264
产成品所耗用钢锭成本还原	③	0.870 335	−5 101 264	3 446 286.390	328 116.295	438 822.907	888 038.408	0
炼铁车间铁水成本	④				3 102 650	370 000	317 074	3 789 724
产品所耗铁水成本还原	⑤	0.909 377		−3 446 286.39	2 821 478.55	336 469.49	288 338.35	0
原始成本项目合计	⑥=①+③+⑤				3 311 874.84	1 216 692.40	1 570 437.76	6 099 005
还原后产品单位成本	⑦=⑥/产量				1 103.958 28	405.564 133	523.479 253	2 033

从还原后的成本项目中能够清楚地反映出材料、工资和制造费用在产品成本中的构成。

（二）分项结转分步法

分项结转分步法是按照成本项目，将上一步骤的半成品成本分项转入下一步骤成本计算单上相应的成本项目的一种方法。

如果半成品通过仓库收发，那么在“自制半成品”明细分类账中登记半成品成本时，也要按照成本项目分别登记。

采用分项逐步结转法逐步结转半成品成本时，可以直接、准确地提供按原始成本项目反映的产成品成本资料，便于从整个企业角度考核和分析产品成本计划的执行情况，不需要进行成本还原。

沿用上述案例资料，按分项结转分步法计算各生产步骤半成品成本和最后步骤的产成品成本，填制第一、第二和第三步骤的产品成本计算单，如表 4-10～表 4-12 所示。

表 4-10 产品成本计算单（铁水）

生产步骤：第一步骤　　　　产量：2 800 件
半成品名称：铁水　　　　单位：元

项目	直接材料	直接人工	制造费用	合计
本月生产费用	3 102 650	370 000	317 074	3 789 724
完工半成品成本	3 102 650	370 000	317 074	3 789 724
期末在产品成本	0	0	0	0

表 4-11 产品成本计算单（钢水）

生产步骤：第二步骤　　　　产量：3 000 件
半成品名称：钢水　　　　单位：元

项目	直接材料	直接人工	制造费用	合计
月初在产品成本	517 800	46 200	78 000	642 000
本月生产费用	352 200	478 000	979 340	1 809 540
本月耗用半成品成本	3 102 650	370 000	317 074	3 789 724
合计	3 972 650	894 200	1 374 414	6 241 264
完工半成品成本	3 649 650	874 200	1 337 414	5 861 264
期末在产品成本	323 000	20 000	37 000	380 000

注：为简化计算，月初在产品成本中的直接材料=480 000+37 800=517 800（元）。

表 4-12 产品成本计算单（钢制品）

生产步骤：第三步骤　　　　产量：3 000 件
产成品名称：钢制品　　　　单位：元

项目	直接材料	直接人工	制造费用	合计
月初在产品成本	259 600	59 400	96 000	415 000
本月生产费用	123 680	417 000	322 061	862 741
本月耗用半成品成本	3 649 650	874 200	1 337 414	5 861 264
合计	4 032 930	1 350 600	1 755 475	7 139 005
完工产成品成本	3 051 930	1 315 600	1 731 475	6 099 005
期末在产品成本	981 000	35 000	24 000	1 040 000

想一想

对两种分步法计算完工产品成本的结果进行比较，会有怎样的差异呢？为什么两种计算方法下会出现差异呢？

综合结转分步法与分项结转分步法完工产品成本的比较如表 4-13 所示。

表 4-13　综合结转分步法与分项结转分步法完工产品成本的比较

单位：元

项目	直接材料	直接人工	制造费用	合计
综合结转分步法完工产品成本	3 311 874.84	1 216 692.40	1 570 437.76	6 099 005
分项结转分步法完工产品成本	3 051 930.00	1 315 600.00	1 731 475.00	6 099 005
差额	259 944.84	−98 907.60	−161 037.24	0

注：259 944.84=98 907.60+161 037.24（元）。

采用分项结转半成品成本，不需要进行成本还原，但成本结转工作比较复杂。因此，分项结转法适用于管理上要求按原始成本项目反映产品成本资料的企业。

逐步结转分步法的优缺点如下。

（1）优点

1）按产品的加工步骤计算各步骤半成品和产成品的成本，能够提供各个生产步骤的半成品成本资料，为确定半成品的销售价格提供了依据，有利于分析并考核企业产品成本计划和各生产步骤半成品成本计划的执行情况。

2）半成品的成本随实物的转移而同步结转，各生产步骤产品成本明细分类账中的生产费用余额，反映留存在各个生产步骤的在产品成本。因而，能够为半成品和在产品的实物管理和资金管理提供资料。

（2）缺点

1）产品成本的计算按加工步骤顺序进行，影响成本计算的及时性。

2）后面步骤的半成品或产成品成本中包括了以前步骤成本，各步骤成本受以前步骤成本水平波动的影响，不利于考核各加工步骤的成本管理工作，也不利于进行成本分析。

3）成本核算工作量大。若采用综合结转分步法进行成本计算，成本还原的工作量大，也不能确切地反映成本结构的构成情况；若半成品按计划成本结转，还要计算和调整半成品成本差异；若采用分项结转分步法，则各步骤成本结转工作量大。

（三）平行结转分步法

平行结转分步法是不需要计算各个生产步骤半成品成本的计算方法。半成品成本不随着半成品实物的转移而结转。平行结转分步法是各加工步骤只计算本步骤发生的生产费用和这些生产费用计入产成品成本的份额，然后将各步骤应计入完工产品成本额的份额进行汇总，计算出产品成本的一种成本计算方法，故也称为不计算半成品成本的分步法。

平行结转分步法的计算程序如图 4-56 所示。

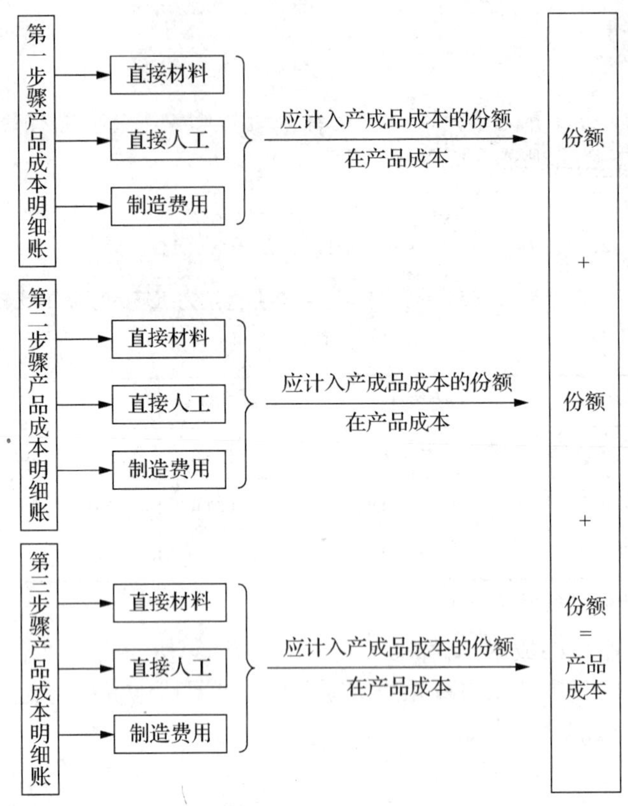

图 4-56　平行结转分步法的计算程序

由图 4-56 可以总结出平行结转分步法的计算程序如下：

1）按生产步骤和产品品种开设生产成本明细分类账，各步骤成本明细分类账按成本项目归集本步骤发生的生产费用。

2）月末，将各个步骤归集的生产费用在产成品与广义在产品之间进行分配，计算各步骤应计入产成品成本中的份额。

3）将各步骤计入产成品成本的份额平行相加汇总，计算出产成品总成本。

该种计算方法的重点在于各个步骤计入产成品成本的份额的计算。月末各步骤需要将本月累计的生产费用在最终的产成品与广义在产品之间进行分配，从而确定出本步骤费用中应计入产成品成本的份额。

常用的方法有约当产量法、定额比例法等。

1．约当产量法

相关计算公式如下：

$$\text{某步骤计入产成品的份额}=\text{产成品数量}\times\text{单位产成品耗用该步骤半成品数量}\times\text{该步骤单位半成品费用}$$

$$\text{该步骤单位半成品费用}=\frac{\text{该步骤月初在产品费用}+\text{该步骤本月生产费用}}{\text{该步骤约当产量}}$$

某步骤约当产量＝最终完工产品数量
＋广义在产品约当产量（即本步骤月末在产品约当产量
＋$\sum$ 以后步骤月末在产品数量）

2. 定额比例法

在实际工作中，作为分配费用标准的定额资料比较容易取得。相关计算公式如下：

产成品的定额工时（定额费用）=产成品数量×消耗定额或费用定额

月末广义在产品的定额工时（定额费用）=月初广义在产品的定额工时（定额费用）
+本月投入的定额工时（定额费用）
-本月产成品定额工时（定额费用）

某步骤某项费用的分配率＝（该步骤该项目期初费用＋该步骤该项目本月发生费用）
/［产成品定额工时（定额费用）
＋月末广义在产品定额工时（定额费用）］

某步骤某项费用应计入产成品成本的份额=产成品定额工时（定额费用）
×某步骤某项费用分配率

【例 4-1】康威公司生产的甲产品经过 3 个车间连续加工制成，第一车间生产 A 半成品，直接转入二车间加工制成 B 半成品，B 半成品直接转入三车间加工成甲产成品。其中，1 个甲产品耗用 1 个 B 半成品，1 个 B 半成品耗用 1 个 A 半成品。原材料于第一车间生产开始时一次投入，以后不再投料。各车间月末在产品完工率均为 50%。

各车间生产费用在完工产品和在产品之间的分配方法采用约当产量法。

本月各车间产量如表 4-14 所示。

表 4-14　各车间产量

单位：件

摘要	第一车间	第二车间	第三车间
月初在产品数量	20	50	40
本月投产数量或上步转入	180	160	180
本月完工产品数量	160	180	200
月末在产品数量	40	30	20

各车间月初及本月费用如表 4-15 所示。

表 4-15　各车间月初及本月费用

单位：元

摘要		直接材料	直接人工	制造费用	合计
第一车间	月初在产品成本	4 000	600	1 000	5 600
	本月发生的生产费用	19 200	2 100	4 400	25 700

续表

摘要		直接材料	直接人工	制造费用	合计
第二车间	月初在产品成本		200	840	1 040
	本月发生的生产费用		3 325	4 800	8 125
第三车间	月初在产品成本		480	1 600	2 080
	本月发生的生产费用		3 300	3 230	6 530

采用平行结转法计算甲产品生产成本时的计算过程如下：

1）编制各生产步骤的约当产量计算表，如表 4-16 所示。

表 4-16　各生产步骤的约当产量计算表

单位：元

摘要	直接材料	直接人工	制造费用
第一车间约当产量	200+40+30+20=290	200+40×50%+30+20=270	270
第二车间约当产量	200+30+20=250	200+30×50%+20=235	235
第三车间约当产量	200+20=220	200+20×50%=210	210

2）编制各生产步骤的产品成本计算单，如表 4-17～表 4-19 所示。

表 4-17　产品成本计算单（第一车间）

车间：第一车间　　产品名称：甲产品（A 半成品）　　金额单位：元

摘要	直接材料	直接人工	制造费用	合计
月初在产品成本	4 000	600	1 000	5 600
本月发生的生产费用	19 200	2 100	4 400	25 700
合计	23 200	2 700	5 400	31 300
第一步骤约当产量	290	270	270	
分配率	80	10	20	
应计入产成品成本份额	16 000	2 000	4 000	22 000
月末在产品成本	7 200	700	1 400	9 300

表 4-18　产品成本计算单（第二车间）

车间：第二车间　　产品名称：甲产品（B 半成品）　　金额单位：元

摘要	直接人工	制造费用	合计
月初在产品成本	200	840	1 040
本月发生的生产费用	3 325	4 800	8 125

续表

摘要	直接人工	制造费用	合计
合计	3 525	5 640	9 165
第二步骤约当产量	235	235	
分配率	15	24	
应计入产成品成本份额	3 000	4 800	7 800
月末在产品成本	525	840	1 365

表 4-19　产品成本计算单（第三车间）

车间：第三车间　　产品名称：甲产品　　金额单位：元

摘要	直接人工	制造费用	合计
月初在产品成本	480	1 600	2 080
本月发生的生产费用	3 300	3 230	6 530
合计	3 780	4 830	8 610
第三步骤约当产量	210	210	
分配率	18	23	
应计入产成品成本份额	3 600	4 600	8 200
月末在产品成本	180	230	410

3）编制产品成本汇总计算表如表 4-20 所示。

表 4-20　产品成本汇总计算表

产品名称：甲产品　　金额单位：元

项目	数量	直接材料	直接人工	制造费用	总成本	单位成本
第一车间		16 000	2 000	4 000	22 000	110
第二车间			3 000	4 800	7 800	39
第三车间			3 600	4 600	8 200	41
合计	200	16 000	8 600	13 400	38 000	190

根据产品成本汇总计算表和产成品入库单，编制结转完工入库产品生产成本的会计分录如下：

借：库存商品——甲产品　　38 000

　　贷：生产成本——基本生产成本——第一车间　　22 000

　　　　生产成本——基本生产成本——第二车间　　7 800

　　　　生产成本——基本生产成本——第三车间　　8 200

试根据以上会计分录填制记账凭证（图 4-57 和图 4-58）。

转账凭证

年　月　日　　　　转字　号

摘要	借方		贷方		√	金额										
	科目	明细科目	科目	明细科目		亿	千	百	十	万	千	百	十	元	角	分
合计																

附件　张

会计主管　　记账　　出纳　　复核　　制单

图 4-57　转账凭证（一）

转账凭证

年　月　日　　　　转字　号

摘要	借方		贷方		√	金额										
	科目	明细科目	科目	明细科目		亿	千	百	十	万	千	百	十	元	角	分
合计																

附件　张

会计主管　　记账　　出纳　　复核　　制单

图 4-58　转账凭证（二）

平行结转分步法的主要优点在于可简化和加速成本计算工作，能够直接提供按原始成本项目反映的产品成本资料，不必进行成本还原，省去了大量烦琐的计算工作。但是，平行结转分步法各步骤间不结转半成品成本，使实物转移与费用结转脱节，即不能提供半成品成本资料及各步骤耗用上一步骤半成品费用资料，因而不能全面反映各步骤生产耗费的水平，不利于各步骤的成本管理；同时，各生产步骤不计算和结转半成品成本，不能为在产品的实物管理和资金管理提供资料。

鉴于平行结转分步法的上述优缺点，其方法适用于半成品种类较多，逐步结转半成品成本工作量较大，管理上又不要求提供各步骤半成品成本资料的情况；并在采用时加强各步骤在产品收发结存的数量核算，以便为在产品的实物管理和资金管理提供资料，弥补这一方面的不足。

拓展案例

成本节约——企业盈利的关键（成本价格和利润）

资本的流动和部门之间的竞争形成了成本价格，对于企业而言，为了获得更多的利润，必须降低成本。在市场经济条件下，成本的节约是企业生存的关键，这一点适用于所有性质的企业。邯郸钢铁集团（以下简称“邯钢”）“细”处多努力，做成“大文章”，就是一个例子。有人说，靠着“节约”，邯钢成功地进入了中国上市公司 50 强。邯钢的“节约”就是国有企业向管理要效益的典范。邯钢的“节约”首先是一种思想、一种认识，是从企业领导到企业员工的自觉行为。有一次，邯钢三轧钢厂的职工发现，为了使产品的包装质量符合公司要求，修卷减去的线材头尾一个月达上百吨，由此造成的损失超过了 6 万元。为了降低成本，职工自发对卷线机进行了技术改造，在充分保证包装质量的前提下，轧用量降低了 40%。像这样的例子，在邯钢数不胜数，而正是从这些小处着手，邯钢节约下来一笔笔巨款，最终构筑起一个中国上市公司 50 强公司。邯钢的节约靠的是制度和机制，是优秀的企业管理水平。“节约”二字，说时容易做时难。近年来，邯钢坚持不懈地深化、完善“模拟市场核算，实行成本否决”的管理机制，生产成本不断下降，企业效益逐年上升，其成功的成本控制背后，实质上是企业优秀的管理水平。几年来，在邯钢实现的利润中，靠消化减利因素、挖潜增效的约占总额的 1/3。

邯钢的节约不是被动的，更不是收缩性的，相反，它已经成为企业不断健康发展的动力源泉。邯钢将成本控制应用于技术改造和项目建设，使节约又成为企业发展的动力。邯钢曾想引进一台高速线材轧机，但后来经过测算，只引进了其关键的精辛 L 部分和控冷部分，其余由国内配套制造，这样，仅花了 6 000 万元，却节约了几亿元资金。8 年间，邯钢技改投资 44 亿元，先后进行了 20 多项大、中型技改，新增钢的综合生产能力达 190 万吨，吨钢投资 2 400 多元，仅为新建钢厂吨钢投资的 40%左右。统计显示，邯钢的技改一般比别的同型设备改造少投入 30%～50%的资金，而效益却多出 50%。目前，邯钢在冶金行业的 44 项主要指标中，75%进入全国前三名，其中十余项列第一位，实现净利润居全国第二位。

靠着节约，靠着从细微之处加强管理，靠着练就的一身基本功，邯钢把握了市场经济中企业的生存法则，从而能够在近几年不甚景气的钢铁行业中立于不败之地，成为国有企业改革的一面旗帜。邯钢的成功向我们述说了这样的道理：一个企业，唯有重其“细”、重其“微”，才能真正得其“强”、得其“大”。

分析：

1）在充分的市场竞争中，非垄断厂商很难通过调整价格来提高利润，增加利润的根本办法是成本的节约。

2）在市场经济条件下，所有的企业都要根据市场的供求情况进行生产经营决策，不论何种性质的企业，都不拥有任何形式的特权。如何才能在市场竞争中获得良好的经济效益，邯钢的做法值得推广。事实上，邯钢并没有什么起死回生的灵丹妙药，也并未开发利润率较高的新产品，只是通过节约生产中各个环节的成本，从而实现了扭亏为盈。邯钢扭亏为盈的案例证明，只要管理科学、经营得当，国有企业完全能够在激烈的市场竞争中立于不败之地。

（资料来源：http://jpkc.gdut.edu.cn/mkszy/case/case_4_4.html.）

巩固与拓展

一、单项选择题

1. 采用分步法计算产品成本时，“生产成本”明细分类账的设立应按照（　　）。

A. 生产批别　　B. 生产步骤和产品品种

C. 生产车间　　D. 成本项目

2. 采用逐步结转分步法，如果半成品完工后，要通过半成品库收发，在半成品入库时，应借记（　　）账户，贷记“基本生产成本”账户。

A.“库存商品”　　B.“在产品”

C.“制造费用”　　D.“自制半成品”

3. 在逐步结转分步法下，在产品是指（　　）。

A. 广义在产品　　B. 各步骤自制半成品

C. 狭义在产品　　D. 各步骤的半成品和在产品

4. 采用逐步结转分步法时，完工产品与在产品之间的费用分配，是指在（　　）之间的费用分配。

A. 产成品与月末在产品

B. 完工半成品与月末加工中的在产品

C. 产成品与广义的在产品

D. 前面步骤的完工半成品与加工中的在产品，最后步骤的产成品与加工中的在产品

5. 半成品成本流转与实物流转相一致，又不需要成本还原的方法是（　　）。

A. 逐步结转分步法　　B. 分项结转分步法

C. 综合结转分步法　　D. 平行结转分步法

6. 某种产品由 3 个生产步骤构成，采用逐步结转分步法计算成本。本月第一生产步骤转入第二生产步骤的生产费用为 2 300 元，第二生产步骤转入第三生产步骤的生产费用为 4 100 元。本月第三生产步骤发生的费用为 2 500 元（不包括上一生产步骤转入的费用），第三生产步骤月初在产品费用为 800 元，月末在产品费用为 600 元。本月该种产品的产成品成本为（　　）元。

A. 10 900　　B. 6 800

C. 6 400　　D. 2 700

7. 需要进行成本还原的分步法是（　　）。

A．平行结转法　　B．分项结转法
C．综合结转法　　D．逐步结转法

8．成本还原的目的是求得按（　　）反映的产成品成本资料。
A．计划成本项目　　B．定额成本项目
C．原始成本项目　　D．半成品成本项目

9．成本还原的对象是（　　）。
A．产成品成本
B．各步骤所耗上一步骤半成品的综合成本
C．各步骤的半成品成本
D．最后步骤的产成品成本

10．采用平行结转分步法计算产品成本时，不论半成品是否在各生产步骤间直接转移，还是通过半成品库收发，其总分类核算（　　）。
A．均不通过“自制半成品”账户进行
B．均通过“自制半成品”账户进行
C．均在“基本生产成本”明细分类账内部转账
D．均通过“库存半成品”账户进行

二、多项选择题

1．企业为了（　　），需要计算产品各生产步骤的半成品成本。
A．提供各种产成品所耗用的同一种半成品的费用数据
B．简化和加速成本计算工作
C．进行同行业半成品成本指标的对比
D．计算对外销售的半成品的损益

2．在分步法中，相互对称的结转方法有（　　）。
A．逐步结转与分项结转　　B．综合结转与平行结转
C．逐步结转与平行结转　　D．综合结转与分项结转

3．采用综合结转法，应将各步骤所耗用的半成品成本以（　　）项目综合记入其生产成本明细分类账中。
A．“直接材料”　　B．“直接人工”
C．“自制半成品”　　D．“制造费用”

4．广义的在产品包括（　　）。
A．尚在本步骤加工中的在产品
B．企业最后一个步骤的完工产品
C．转入各半成品库的半成品
D．已从半成品库转到以后各步骤进一步加工但尚未最后制成的产成品

5．逐步结转分步法的特点有（　　）等。
A．可以计算出半成品成本

B．半成品成本随着实物的转移而结转

C．期末在产品是指狭义在产品

D．期末在产品是指广义在产品

6．平行结转分步法的特点是（　　）。

A．各生产步骤不计算半成品成本，只计算本步骤发生的生产费用

B．各步骤之间不结转半成品成本

C．各步骤应计算本步骤发生的生产费用中应计入产成品成本的份额

D．将各步骤应计入产成品成本的份额平行结转，汇总计算产成品的总成本和单位成本

7．平行结转分步法下，第二生产步骤的在产品包括（　　）。

A．第一生产步骤完工入库的半成品

B．第二生产步骤正在加工的在产品

C．第二生产步骤完工入库的半成品

D．第三生产步骤正在加工的在产品

8．采用平行结转分步法计算产品成本，最后一个生产步骤的产品成本明细分类账中能够反映的数据有（　　）。

A．所耗上一步骤的半成品成本

B．本步骤费用

C．本步骤费用中应计入产品成本的份额

D．产成品实际成本

9．平行结转分步法与逐步结转分步法相比，缺点有（　　）。

A．各步骤不能同时计算产品成本

B．需要进行成本还原

C．不能为实物管理和资金管理提供资料

D．不能提供各步骤的半成品成本资料

10. 在平行结转分步法下，完工产品与月末在产品之间的费用分配，不是指（　　）。

A．在各步完工半成品与狭义在产品之间分配

B．在产成品与广义在产品之间分配

C．在各步完工半成品与广义在产品之间分配

D．在产成品与狭义在产品之间分配

三、判断题

1．分步法的显著特征是计算半成品成本。（　　）

2．分步法中作为成本计算对象的生产步骤，应当与产品的加工步骤一致。（　　）

3．在逐步结转分步法下，不论是综合结转还是分项结转，半成品成本都随着半成品实物的转移而逐步结转。（　　）

4．采用逐步结转分步法，半成品成本的结转与半成品实物的转移是不一致的。（　　）

5．采用分步法时不论综合结转还是分项结转，第一步骤的生产成本明细分类账的登记方法均相同。（　　）

6．采用分项结转法结转半成品成本，可以直接正确提供按原始成本项目反映的企业产品成本资料，而无须进行成本还原。（　　）

7．采用分项结转法结转半成品成本，在各步骤完工产品成本中看不出所耗上一步骤半成品的费用和本步骤加工费用的水平。（　　）

8．成本还原改变了产成品成本的构成，但不会改变产成品的成本总额。（　　）

9．广义在产品包括狭义在产品和半成品。（　　）

10．在平行结转分步法下，各步骤在产品成本与在产品实物量不一致。（　　）

四、实务操作题

1．兴威电子公司生产甲产品，有两个基本生产车间顺序进行加工，在产品按定额成本计价；半成品通过自制半成品仓库收发。各步骤所耗半成品成本按加权平均单位成本计算。该厂本月产品产量记录、单位在产品定额成本资料、生产费用资料及自制半成品期初资料分别如表4-21～表4-24所示。

表4-21　产品产量记录

单位：件

项目	第一车间	第二车间
月初在产品	120	100
本月投产或半成品	400	550
本月完工产品	480	600
月末在产品	40	50

表4-22　单位在产品定额成本资料

单位：元

项目	直接材料	直接人工	制造费用	合计
一车间	150	100	80	330
二车间	200	100	110	410

表4-23　生产费用资料

单位：元

成本项目	第一车间		第二车间	
	月初在产品	本月费用	月初在产品	本月费用
直接材料	18 000	150 000	20 000	

续表

成本项目	第一车间		第二车间	
	月初在产品	本月费用	月初在产品	本月费用
直接人工	12 000	8 000	10 000	30 000
制造费用	9 600	41 020	11 000	49 720
合计	39 600	199 020	41 000	79 720

表 4-24 自制半成品期初资料

单位：元

摘要	数量	直接材料	直接人工	制造费用	合计
月初余额	120	26 000	15 800	8 380	50 180

要求：

1）编制第一车间、第二车间的“基本生产成本”明细分类账（表 4-25 和表 4-26）。

2）登记“自制半成品”明细分类账（表 4-27）。

表 4-25 “基本生产成本”明细分类账（第一车间）

车间名称：第一车间　　　　产品名称：甲半成品

项目	直接材料	直接人工	制造费用	合计
月初在产品定额成本				
本期发生费用				
费用合计				
完工半成品成本				
半成品单位成本				
月末在产品定额成本				

表 4-26 “基本生产成本”明细分类账（第二车间）

车间名称：第二车间　　　　产品名称：甲产品

项目	直接材料	直接人工	制造费用	合计
月初在产品定额成本				
本月本步骤费用				
上一车间转入费用				
费用合计				
完工产品成本				
单位成本				
月末在产品定额成本				

表 4-27　“自制半成品”明细分类账

半成品名称：甲半成品

摘要	数量	直接材料	直接人工	制造费用	合计
月初余额					
本月增加					
合计					
单位成本					
本月减少					
月末余额					

2. 华威公司生产的 M 产品，分两个生产步骤连续加工。其中：第一步骤制造 M 半成品，入半成品库；第二步骤领用 M 半成品，继续加工成 M 产成品。成本计算采用逐步综合结转分步法。11 月份有关成本资料如下：

1）第一车间完工 M 半成品 25 件、在产品 10 件，本车间的在产品成本采用定额成本法计算，在产品的单位定额成本分别为原材料 25 元、工资 10 元、燃料及动力费 18 元、制造费用 13 元。本月有关的成本资料如表 4-28 所示。

表 4-28　第一车间成本资料

项目	产量/件	原材料/元	工资/元	燃料及动力/元	制造费用/元	合计/元
月初在产品成本	15	300	150	250	210	910
本月发生的生产费用	20	600	250	780	720	2 350

2）“自制半成品——M 半成品”明细分类账资料如表 4-29 所示，第二车间本月领用 M 半成品 10 件投入生产，发出半成品成本采用全月一次加权平均单价计算。

表 4-29　“自制半成品——M 半成品”明细分类账

月初结存		本月增加		合计			本月减少		月末结存	
数量/件	金额/元	数量/件	金额/元	数量/件	单价/元	金额/元	数量/件	金额/元	数量/件	金额/元
5	535	25		30			10		20	

3）第二车间本月领用 M 半成品 10 件，在生产时一次投入，本月完工 M 产成品 5 件，在产品 10 件，本车间的在产品成本采用约当产量法计算，本月在产品完工程度 50%。有关成本计算资料如表 4-30 所示。

表 4-30　第二车间成本资料

项目	产量/件	半成品/元	工资/元	燃料及动力费/元	制造费用/元	合计/元
月初在产品成本	5	506	300	500	404	1 710
本月发生的生产费用	10		400	700	500	

要求：采用综合结转法进行成本计算，并对M产品进行成本还原。

1）计算各步骤产品成本，填入表4-31～表4-33。

表4-31 第一车间成本计算单

项目	原材料	工资	燃料及动力费	制造费用	合计
月初在产品成本					
本月发生的费用					
合计					
本月完工产品成本（ ）件					
月末在产品成本（ ）件					

表4-32 “自制半成品——M半成品”明细分类账（全月一次加权平均法）

年		月初结存		本月增加		合计			本月减少		月末结存	
月	日	数量	金额	数量	金额	数量	单价	金额	数量	金额	数量	金额

表4-33 第二车间成本计算单

项目	半成品	工资	燃料及动力费	制造费用	合计
月初在产品成本					
本月发生的费用					
合计					
约当产量					
分配率					
本月完工产品成本（ ）件					
月末在产品成本（ ）件					

2）对完工的M产品成本进行成本还原，将计算结果填入表4-34。

表4-34 产成品成本还原计算表

产品名称： 产量：

项目	产量/件	还原分配率	半成品/元	原材料/元	工资/元	燃料及动力费/元	制造费用/元	成本合计/元
还原前产成品成本								

续表

项目	产量/件	还原分配率	半成品/元	原材料/元	工资/元	燃料及动力费/元	制造费用/元	成本合计/元
本月所产半成品成本								
产成品所耗半成品的成本进行还原								
还原后产成品总成本								
还原后产品单位成本								

3．华威公司生产的 A 产成品，需要经过 3 个步骤加工完成。其中，第一步骤生产 A1 半成品，第二步骤生产 A2 半成品，将 A1 半成品和 A2 半成品交第三步骤装配成 A 产成品。第一步骤原材料在生产开始时一次投入，第二步骤原材料随加工程度的深化逐步投入。每件 A 产成品由 1 件 A1 半成品和 1 件 A2 半成品装配而成。各步骤月末在产品的完工程度均为 50%，各步骤生产费用采用约当产量比例法在产成品和广义在产品之间分配。10 月份有关成本资料如下：

1）产品产量记录如表 4-35 所示。

表 4-35　产品产量记录

单位：件

项目	第一步骤	第二步骤	第三步骤
月初在产品	2 000	3 000	4 000
本月投入	12 000	14 000	10 000
本月完工转出	10 000	10 000	9 000
月末在产品	4 000	7 000	5 000

2）月初在产品成本及本月生产费用如表 4-36 所示。

表 4-36　月初在产品成本及本月生产费用

单位：元

项目	直接材料	直接人工	制造费用	合计
月初在产品成本				
第一步骤	52 800	13 900	17 250	83 950
第二步骤	25 500	22 300	27 020	74 820
第三步骤		19 500	22 400	41 900
本月生产费用				
第一步骤	317 200	125 850	129 000	572 050
第二步骤	243 000	110 160	119 760	472 920
第三步骤		48 700	52 400	101 100

要求：计算各步骤应计入产成品成本份额和月末在产品成本，并编制产品成本汇总计算表。

1）将各步骤约当产量的计算结果填入表4-37中。

表4-37　各步骤约当产量的计算

摘要	直接材料	直接人工	制造费用
第一车间步骤的约当总量			
第二车间步骤的约当总量			
第三车间步骤的约当总量			

2）填制各步骤的成本计算单（表4-38～表4-40）。

表4-38　产品成本计算单（第一步骤）

生产车间：

摘要	直接材料	直接人工	制造费用	合计
月初在产品成本				
本月发生费用				
合计				
该步骤约当产量				
单位成本（分配率）				
计入产品成本的份额				
月末在产品成本				

表4-39　产品成本计算单（第二步骤）

生产车间：

摘要	直接材料	直接人工	制造费用	合计
月初在产品成本				
本月发生费用				
合计				
该步骤约当产量				
单位成本（分配率）				
计入产品成本的份额				
月末在产品成本				

表 4-40　产品成本计算单（第三步骤）

生产车间：

摘要	直接材料	直接人工	制造费用	合计
月初在产品成本				
本月发生费用				
合计				
该步骤约当产量				
单位成本（分配率）				
计入产品成本的份额				
月末在产品成本				

3）填制产品成本汇总计算表（表 4-41）。

表 4-41　产品成本汇总计算表

产品名称：　　　　产量：

项目	直接材料	直接人工	制造费用	总成本	单位成本
第一车间					
第二车间					
第三车间					
合计					

参 考 文 献

胡中艾，蒋小芸，2014．成本核算[M]．2 版．北京：高等教育出版社．

江希和，向有才，2011．成本会计教程[M]．4 版．北京：高等教育出版社．

蒋国发，2008．成本会计[M]．北京：清华大学出版社．

刘爱荣，于北方，2014．新编成本会计[M]．6 版．大连：大连理工大学出版社．

企业会计准则编审委员会，2015．企业会计准则[M]．上海：立信会计出版社．

朱光明，吴梅生，2013．产品成本核算[M]．北京：中国经济出版社．